做销售
就要会沟通

张晓玲◎著

民主与建设出版社

·北京·

© 民主与建设出版社，2019

图书在版编目(CIP) 数据

做销售就要会沟通 / 张晓玲著.—北京：民主与建设出版社，2019.1
ISBN 978-7-5139-2408-5

Ⅰ. ①做… Ⅱ. ①张… Ⅲ. ①销售－语言艺术 Ⅳ. ①F713.3

中国版本图书馆 CIP 数据核字（2019）第 037850 号

做销售就要会沟通
ZUO XIAOSHOU JIUYAO HUI GOUTONG

出 版 人	李声笑
著　　者	张晓玲
责任编辑	周佩芳
封面设计	尚世视觉
出版发行	民主与建设出版社有限责任公司
电　　话	（010）59417747 59419778
社　　址	北京市海淀区西三环中路10号望海楼E座7层
邮　　编	100142
印　　刷	三河市长城印刷有限公司
版　　次	2019 年6月第1版
印　　次	2019 年6月第1次印刷
开　　本	710 毫米×1000 毫米 1/16
印　　张	15.5
字　　数	230千字
书　　号	ISBN 978-7-5139-2408-5
定　　价	48.00元

注：如有印、装质量问题，请与出版社联系。

导言　能言善道——金牌销售的起点

为了研究销售过程中语言沟通的重要作用，IBM公司曾经委托雷克汉姆研究IBM公司的产品在中国的销售情况。雷克汉姆是销售研究领域的老前辈，也是世界大名鼎鼎的销售大师，可想而知，他的研究结果是具有一定的权威性，也具有较强的说服力。经过长达半年多的考察，雷克汉姆最终得出结论，即从平均的角度来看，每一笔订单的实现，都需要销售员和客户之间进行将近39个小时的沟通。而在这么久的沟通之中，销售员和客户的正式沟通只占有大概十分之一的时间，也就是3.9个小时。此外，还有大概10%的时间，销售员用来向客户介绍产品的相关资料，如产品的性能、功效及应用情况等。除此之外，销售员与客户是在闲聊中度过的。比如，说一些关于兴趣爱好、工作、生活的情况，甚至说一些捕风捉影的事情，或者聊一聊娱乐新闻和八卦等。这意味着什么呢？这些经过雷克汉姆千辛万苦才得到的数据，告诉我们一个不容争辩的事实，那就是做销售就要会沟通，如果不懂沟通，就不能做好销售工作。

很多人误以为所有销售经营人才，都是能说会道、口吐莲花的，也要不顾面子与任何人都套近乎、攀关系。然而，说起话来滔滔不绝就能成为优秀的销售员吗？优秀的销售员还要具备很多方面的能力，更要深谙客户心理学，也懂得语言表达的技巧，如此才能打动客户的心。

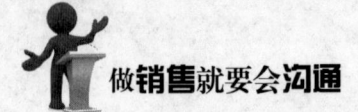

很多人都会觉得聊天很简单,甚至以为"不就是随便说说话吗,谁不会呢。"其实聊天和聊天是不一样的。有的销售员和客户聊天,聊着聊着谈崩了;有的销售员和客户聊天,聊着聊着让客户觉得销售员说的话合情合理,因而心花怒放,生意就成了。为何同为销售,对于聊天的理解和运用能力却迥异呢?因为销售员对聊天的理解不一样,每个人的语言表达能力也不一样。

当然,销售绝不是随随便便聊聊家常就能成功的。销售员在成为一个会聊天的人之前,首先要成为了解产品、熟悉产品,也能以语言和专业的演示展现产品的人。归根结底,销售要想成功,必须建立在优质产品的基础之上,而销售员要想促进交易达成,必须给予客户良好的消费体验。

在客户面前,销售员既要承担起专业人士的角色,给予客户切实有效的指导和建议,也不能自以为是业内人士,就对客户提出的很多外行问题表示质疑。尤其是当客户提起销售中的棘手问题——价格时,销售员更要站在客户的角度,为客户着想,理解客户总想花最少的钱买最好的产品,而不要因为客户纠结于价格,就对客户各种鄙夷。销售员唯有尊重客户,才能得到客户的尊重;唯有真心地为客户考虑和解决问题,才能得到客户的托付。

总之,聊天的学问很大,销售员只有在销售工作中不断地积累经验,多多反思自己,才能不断进步,在销售的道路上越走越远!

目 录

第一章 舌尖功夫：销售一张嘴，功夫不可少

1. 销售人员口才的基本作用 / 2

2. 说话出彩就是你的最大资本 / 6

3. 妙语搭建起与顾客的内心之桥 / 9

4. 以热情的表达燃爆客户，才有一流的业绩 / 12

5. 销售人员必须遵循的沟通原则 / 15

6. 沟通五忌：争辩、质问、命令、炫耀、直白 / 19

第二章 学会赞美：好话一讲，黄金万两

1. 真诚的赞美语言最能打动人 / 24

2. 赞赏既不能吝啬，也不能滥施 / 27

3. 要使你的赞美不流于庸俗 / 30

4. 赞美要有新意，挠痒也要恰到好处 / 33

5. 附和对方也是一种赞美 / 36

6. 销售过程中，你须知的赞美原则 / 39

第三章 善于倾听：会做不如会说，会说不如会听

1. 倾听就是一种尊重 / 44

2. 倾听顾客的需求和心声 / 47

3. 领会顾客的每一句话 / 50

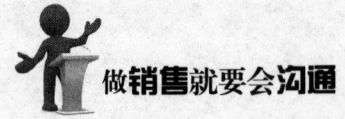

4. 认真聆听顾客的抱怨 / 54

5. 保持你的专心致志 / 57

6. 销售圣经：成为合格倾听者的技巧 / 60

第四章　说话专业：先做行家，再做卖家

1. 销售员必须说专业的话 / 64

2. 销售人员应该是个产品行家 / 68

3. 专业的话一定要说得清楚 / 71

4. 让数字说话更显得专业 / 74

5. 帮顾客做选择也要表现出专业 / 77

6. "演""说"结合，销售员更显专业 / 81

第五章　拓客口才：做销售从做朋友开始

1. 先交朋友再谈生意，让顾客成为自己人 / 86

2. 要想钓到鱼，就要像鱼那样思考 / 89

3. 准顾客具备的条件及寻找方法 / 92

4. 开拓顾客的主要途径及方法 / 95

5. 选对池塘钓大鱼：如何做顾客筛选 / 98

6. 销售即生活，随时随地寻找准顾客 / 101

第六章　产品介绍：让销售口才为产品加分

1. 让自己成为顾客心中的权威顾问 / 106

2. 介绍产品要掌握报价的技巧 / 109

3. 展示产品优势，让产品提升客户的生活品质 / 114

4. 讲好产品故事，将品牌发扬光大 / 118

5. 不掩饰产品缺陷，但需要解释清楚 / 121

6. 消除顾客疑虑，时时处处为客户着想 / 124

第七章　谈判口才：销售谈判更需要好口才

1. 销售谈判前一定要确定好目标 / 128

2. 销售谈判的基本原则——双赢 / 131

3. 良好的沟通氛围可助你一臂之力 / 134

4. 委婉含蓄，商业谈判中的金科玉律 / 137

5. 抓住对方的软肋，掌握谈判主动权 / 140

6. 合作细节，在谈判时一定要双方确认 / 143

第八章　交易口才：成交往往决定于一两句话

1. 把握成交信号，找到合适瞬间 / 148

2. 面对犹豫顾客，语言促成交易 / 152

3. 巧妙运用交易让步的技巧 / 156

4. 如何让对方来适应你的价格 / 161

5. 欲擒故纵，让客户主动成交 / 164

第九章　售后服务：让好口才为售后服务扫清障碍

1. 真正对顾客负责，才能赢得信任 / 168

2. 有承诺，跟进才有效 / 171

3. 有的放矢，区别对待客户 / 174

4. 跟进老顾客，创造再销售机会 / 177

5. 有事没事联系一下，送去你的关心 / 180

6. 把客户的异议转化为销售的卖点 / 182

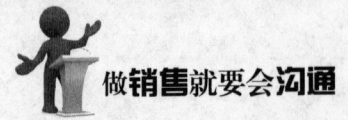

第十章 回收货款：把话说出去，把钱收回来

1. 提高催收货款口才技巧的心理准备工作 / 186

2. 沟通到位，才能让拖欠款再无影踪 / 189

3. 销售人员催收货款的基本策略 / 193

4. 销售人员催收货款的有效方法 / 195

5. 催收货款需要动之以情，晓之以理 / 198

6. 如何应对违约付款顾客的各种说辞 / 201

第十一章 电话销售：销售好声音，提升语言感染力

1. 心态阳光，电话才能传递阳光 / 206

2. 寻找客户感兴趣的话题，在电话上畅聊 / 210

3. 打造魅力声音，紧紧吸引客户 / 214

4. 拉近距离，才能保持通话 / 217

5. 学会对客户提问，激发客户谈兴 / 219

6. 将错就错，投石问路把握客户 / 221

第十二章 口才精进：多用心才能练就销售好口才

1. 幽默，让销售水到渠成 / 224

2. 练习语速，注意语气，控制语调 / 227

3. 心态平和，不被情绪所左右 / 229

4. 借助肢体语言传情达意 / 231

5. 培养一流的销售语言礼仪 / 234

6. 良好的形象有助于语言的发挥 / 236

后　记 / 238

参考资料 / 240

第一章
舌尖功夫：销售一张嘴，功夫不可少

作为销售人员，面对一个个陌生的客户，难免心生胆怯。尤其是销售新手，一旦遭到客户的提问、质疑，就会马上把想好的话都忘到爪哇国去，而只剩下结结巴巴、语无伦次。众所周知，销售就是与人打交道，人际沟通少不了语言交流，所以说销售也是嘴上功夫，必须把话说得恰到好处，才能让交易顺利达成。

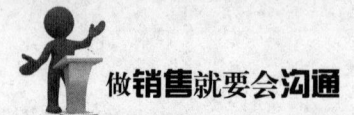

1. 销售人员口才的基本作用

众所周知,销售就是要每天面对不同的客户,与不同的客户交流,进行语言沟通。正因为如此,有些人对于销售产生误解,觉得销售就是要会说话。其实,说话人人都会,只要不是有语言障碍的人,都能说出话来。然而,从本质上来说,销售可绝不仅仅是说话那么简单,真正优秀的销售员不但会说话,而且会聊天。

曾经有人专门对销售工作展开调查,发现大多数销售员在推销过程中,都要与客户进行长达几十个小时的沟通。而在这几十个小时的沟通中,正式针对产品或者服务进行交流,只占用大概10%的时间,那么剩下的90%的时间呢,销售员都在干什么?

在剩下的时间里,销售员都在与客户说些无关紧要的话。例如,卖电脑的销售员,也许在和客户沟通如何把家里装修得漂漂亮亮的;卖装修材料的销售员,也许在和客户沟通怎样重装电脑系统;卖保险的销售员,也许在和客户沟通婆媳之间的相处难题;推销培训课程的销售员,则在向客户取经,请教客户如何让孩子变得优秀……总而言之,很少有销售员自始至终都在一本正经地与客户说专业领域内的事情,大多数销售员除了花很少的时间说专业的事情,都在和客户闲聊天,甚至和客户攀谈的话题与销售的正题风马牛不相及。当销售员把销售的重心如此偏移，似乎销售的成功也变得遥不可及。然而，细心的朋友们会发现，这些总能与客户聊得非常开心的销售员，销售业绩都很不错，有些还是公司里的销售冠军呢！这充分证明，真正优秀的销售员一定会聊天，而且能够令客户心花怒放，心甘情愿地掏腰包购买。

不得不说，这样的会聊天达到了销售的至高境界，就像很多武侠小说里所说的，武林高手把绝招化为无形，看起来动作缓慢、笨拙，实际上却能一招制敌，这就是高手过招的特点：兵不血刃。同样的道理，在销售员与客户之间进行心理博弈的过程中，高明的销售员也会征服客户于无形，这样才能保证销售工作顺利进行下去。

立普顿先生起初是个地地道道的农民，但是，他很想发家致富，为此开始做一些小生意。后来，他意识到民以食为天，关于食品的生意是个不会赔本的买卖，因而开了一家食品批发店。眼看着圣诞节就要到了，立普顿先生想把自己囤积的大量奶酪全部出售。

正当为了促销而绞尽脑汁时，他突然想起在欧美国家，人们喜欢在苹果中藏入六便士的硬币，而吃到的人在未来一年里都会好运相随。这与中国传统习俗中，每到春节吃饺子，会把钱币包在饺子里的做法类似，都是为了讨个好彩头。立普顿灵机一动，决定按照比例在奶酪里藏入金币，并且告诉每一个前来购买奶酪的客户："祝您有好运气，从奶酪里吃到金币。"客户们口耳相传，这个消息很快就被散播出去，前来购买奶酪的人越来越多。

看到立普顿生意火爆，很多同行不乐意了，当即联名向相关部门举报，指责立普顿在引诱消费者赌博。接到举报后，相关部门马上对立普顿的食品批发店展开整顿，并且禁止立普顿以涉嫌赌博的行为诱使客户购买。立

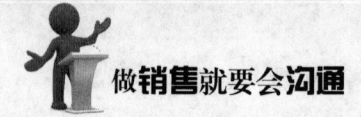

普顿马上主动反思错误，虚心改进，转为对客户说："感谢各位光临，请你们在奶酪里吃到金币之后，将金币归还回来。谢谢合作，万分感谢！"显而易见，立普顿的行为是典型的此地无银三百两，原本有些人还很怀疑奶酪里是否真的有金币，此时都深信不疑。为此，人们络绎不绝地赶来购买奶酪，都抱着侥幸心理：万一真的吃到金币呢？当然，他们是不会归还的。

看到立普顿的生意还是这么火爆，同行们再次联名举报，让相关部门彻底禁止立普顿的促销行为。无奈之下，立普顿只好告诉每一个前来购买奶酪的客户："政府部门责令我停止促销活动，所以在食用奶酪时请一定小心，不要被奶酪里的金币卡到。等到这一批带有金币的奶酪售卖完，我的奶酪就再也没有金币了，可以放心食用。"听到政府部门都开始介入这次金币促销活动，客户们居然开始抢购奶酪，就这样，立普顿积压的奶酪很快被抢购一空。

立普顿好不容易才想出好主意来促销，却被同行们前来破坏。但是立普顿深谙语言表达的艺术，从表面来看是在按照相关部门的要求整改，实际上却以巧妙的表达更加刺激了客户的购买热情，最终在相关部门的责令下，还成功激发了客户的恐慌性购买，也让自己囤积的奶酪被抢购一空。

不得不说，立普顿的应变能力很强，尤其是语言表达能力，更是让人无比佩服。同样的意思表达，在他口中接连说了三次，居然取得了一次比一次更好的效果。立普顿的成功销售，完全得益于他超强的语言表达能力。

销售人员必须有口才，因为在销售过程中，口才既能起到基本的表达和沟通作用，也能在特定的销售情境中画龙点睛，推动销售的进行。很多销售人员之所以陷入销售的困境,并非因为他们的专业能力和服务意识不够强,而是因为他们的语言表达能力欠缺,导致与客户沟通不顺畅、不到位。唯有重视语言的沟通作用,销售工作才能顺利进行。

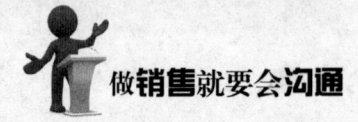

2. 说话出彩就是你的最大资本

记得在某个电视台的一档节目中，如果嘉宾觉得参赛的选手表演可以过关，就选择"出彩"，这样选手就可以进入下一轮的比赛中。记得宋丹丹、李连杰等影星，都担任过嘉宾，而且对于选手的选拔，他们都用心地去评判。也许对于嘉宾而言只是一次"出彩"或者"不出彩"的选择，但是对于选手而言，却关系到他们的前途和命运。

人人都想出彩，都希望得到他人的认可和赏识。其实不仅比赛过程中有是否出彩的差别，在语言表达的过程中，也有出彩。尤其是对于销售员而言，说话出彩是他们最大的资本，否则如果说出去的话不能成功地打动他人，这些话就是毫无意义的，也无法起到预期的效果。因而要想成为一名优秀的销售员，必须先提升自己的语言表达能力，使说的每句话都能打动客户，这样销售工作才能顺利推进。

每一位销售员，最大的心愿就是将自己的产品成功推销出去，这也是销售的终极目标。然而，人与人之间的相处过程总是循序渐进的，如果在交往之初，销售员不能把话说到客户的心坎里，不能得到客户的认可，那么接下来的销售工作进展就会很艰难。日本的"销售之神"原一平在分享自己的销售经验时，直言不讳地说："要想说话出彩，打动客户的心，就要学会说题外话。不要小看题外话，对于成交它往往起到至关重要的作用，题外话说得好，成交事半功倍。如果说错了题外话，就会导致交易落空。"听到原一平的销售经验，相信很多销售员都会感到困惑：对于客户而言，最在乎的不应该是销售员的专业素养、服务水平吗？为何客户反而对题外话这么感兴趣呢？

题外话尽管看起来和销售无关，实际上恰到好处的题外话，能够让销售员说话出彩，既展现自己的魅力，也成功打动客户的心。有了题外话的铺垫，客户也能放松警惕，开始欣赏销售员的幽默风趣。正如人们常说的，语言是思想的外衣，其实不仅销售员想通过语言来了解客户，客户也想通过销售员的精彩言论，更深入地了解销售员。由此可见，题外话是可以让销售员出彩的。

作为一家高档皮包店的销售员，小司入职三个月了，始终没有卖出去任何包包。为此，她感到心灰意冷，也不想继续努力了。

有一天，一个时尚的年轻女孩走到店里，在一个新款包前徘徊。看到来了客户，小司赶紧激动地走过去，热情地询问："您好，请问您有什么需要？这款包是店里的最新款，价格特别高，才刚到货就已经卖出去好几个了。"听到小司的话，原本对包包很有兴趣的女孩，马上转身朝着门口走去。这时，正在一旁的店经理赶紧走过来，对女孩说："您好，女士，这款包包不符合您的气质。我们店里有一款限量版的包包，刚刚到货，还没来得及摆出来呢，您有兴趣看一看吗？很符合您的气质，非常稀有。"听到店经理的话，女孩才不太情愿地折返回来。店经理把限量款包包拿出来，没有给女孩介绍包包，而是很感兴趣地问女孩："女士，您的头发是在哪里做的？特别漂亮，就像那些大明星的专业发型师打理的一样，随意而又精致，略显凌乱，却别具一格，一看就是出自大师之手……"店经理的话还没说完，女孩就笑起来，说："你的确很有眼光，这是我的御用发型设

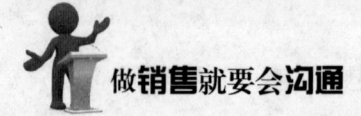

计师为我量身打造的。"接下来,女孩主动了解包包,而且在确定自己很喜欢包包之后,随即掏腰包购买了包包。

小司不知道,因为她说话不出彩,才导致差点损失了这个客户。幸好店经理眼明嘴快,才及时挽回了客户,又给客户推荐了她中意的包包,让交易顺利达成。

小司说话没有第一时间打动客户的心,是因为她说展台上的包已经卖出去好几个了。殊不知,女孩年轻貌美,气质不俗,而且很时尚,根本不愿意和别人撞包。为此,当店经理说起店里有还没来得及摆出来的限量包包之后,女孩才心有所动,又因为接受了店经理真诚的赞美,女孩掏起钱包自然十分乐意。

说话出彩,对于销售员而言是最大的资本。正如人们常说的,同样的内容,有的人说出来让人心服口服,有的人说出来却让人心里不痛快,因而心生反感。对于销售员而言,也许可以慢慢地学习专业知识,提升服务水平,但是一定要把学会语言表达、提升语言表达能力放在首位,唯有如此,才能一张口就吸引客户,打动客户的心。

3. 妙语搭建起与顾客的内心之桥

对于大多数销售员而言,在面对客户时,最大的障碍是不知道如何与客户搭讪,也不知道怎样打开客户的心扉,与客户实现无障碍交流。其实,客户尽管是上帝,是销售员的衣食父母,但是从人格的角度而言,销售员与客户之间完全平等,只是在某一宗交易中各自扮演的角色不同而已。明白这个道理,销售员面对客户时就不会过于紧张,能够放平心态,让自己更坦然和从容。

记得曾经有人描述人际关系,说彼此的交流就像牧羊人举起鞭儿,轻轻地敲打在小羊羔的身上。听到这样的描述,让人情不自禁地想起王洛宾的《在那遥远的地方》:"跑马溜溜的山上,一朵溜溜的云呦……"这样的意境让人感到心情舒畅。在这样的情景之中,还有谁不愿意敞开心扉,进行一番顺畅的沟通呢?如果销售员也能为客户营造这样的沟通氛围,那么一定能够打开客户的心扉,与客户之间进行卓有成效的沟通。

当然,要想实现这一点并不容易,关键在于销售员要用妙语搭建起与客户之间的沟通桥梁,从而让沟通更顺畅。在人际交往中,要找到与他人的共同点,这样才能在最短的时间内拉近自己与他人之间的心理距离,也让沟通顺利展开。作为销售员,当然没有那么多时间与客户沟通感情,进行铺垫,那么找到与客户的共同点,搭建起与客户内心的桥梁,无疑是很好的选择。

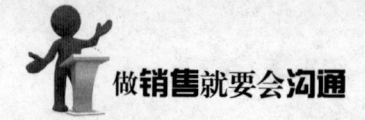

小雅在一家房地产开发公司工作,是一线销售人员。最近,她所在的公司开发了一个新楼盘,即将举行盛大的开盘仪式,正式开始售卖。小雅也从一个进入尾盘的楼盘调动到这个楼盘,只想趁着开盘热卖多多开单,多多挣钱。

开盘第一天,售楼处的人很多,小雅接待了好几拨客户,不过大多数客户都是走马观花,先来了解行情和楼盘情况的。开盘过后,小雅才逐一联系这些客户,再次沟通感情。在与一个客户沟通的时候,小雅听出来客户带有苏北口音,很像是自己的老乡,因而主动询问客户:"詹先生,您是哪里人啊?听您的口音,感觉很熟悉。"客户回答自己是连云港人,小雅马上欣喜地说:"我也是连云港人,我家在墟沟区,您呢?"原来,客户是新浦区,离墟沟区很近。就这样,小雅与客户聊得很高兴,后来客户又趁着周末休息的时候来售楼处看房,成为小雅的忠诚客户。

仅仅是老乡的身份,就让小雅与客户之间马上变得亲近起来。尤其是当客户知道小雅的家就在自家不远处的墟沟区,更是对小雅多了几分认可。也许有人对此不以为然,觉得哪里有人会因为是老乡,就对他人特别关注。其实,这是有心理学依据的。共同点能够在最短的时间内拉近人与人之间的距离,即使是两个人坐在相邻的地方,做出相同的动作,心理上都会变得亲近起来。所以明智的销售员知道,与初次见面或者相对陌生的客户聊天,绝不能漫无目的,而要在与客户套近乎或者拉拢关系之后,再寻找出自己与客户的共同点,这样就能与客户亲近起来,也让客户敞开心扉。

即使没有共同点,也可以寻找与客户的共同话题,或者是客户感兴趣的话题。如果客户对某个话题没有兴趣,一定会觉得索然无味,只有客户对某个话题感兴趣，才能饶有兴致地与销售员聊下去。销售员最害怕的就是在面对客户的时候冷场，尴尬得无话可说。所以只要能激发起客户的谈兴，让客户愿意表达和倾听的话题，就是好话题。很多高明的销售员在与客户接触的时候，看似漫不经心，与客户说了很多不相干的话，实际上都是绝佳的铺垫，也能够成功地打动客户的心，让未来的销售工作进展顺利，水到渠成。

常言道，酒逢知己千杯少，话不投机半句多。销售员要想让销售进行下去，一定要避免给客户留下这样的印象。否则，一旦客户对销售员产生厌烦的心理，或者反感销售员，就会导致接下来的销售工作进展艰难。当然，每个客户都是独立的生命个体，要想成功打动客户的心，对于销售员而言绝非易事。在日常生活中，销售员就要有意识地拓宽眼界，开阔思路，也要积累更多的交谈素材，如此才能根据客户的情况，找到客户感兴趣的话题。

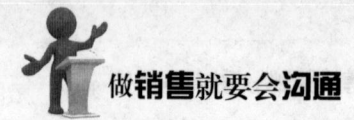

4. 以热情的表达燃爆客户，才有一流的业绩

从本质上而言，销售尽管是以语言交流的方式进行的，但却是一场心理上的博弈。销售员与客户在心理上处于对立的关系，客户在产品质量、价格等方面，都与销售员的想法背道而驰。要想协调好与客户之间的关系，并非易事，销售员不但要深谙销售心理学，更要有一流的口才，才能把自己的真实能力和水平都转化为实实在在的生产力，创造一流的业绩。

在人际交往中，一个人最大的魅力就体现在他的热情上。没有人能够拒绝一个热情似火的人，当然，这里所说的热情是为人处世的态度，而不是对他人的黏腻和纠缠。热情的人就像一团火，不管走到哪里，都能得到人们的喜爱，也会受到人们的欢迎。热情还富有感染力，与热情的人相处，即使原本冷漠的人也不好意思继续冷若冰霜。当他们内心的坚冰被他人的热情渐渐地融化，也会情不自禁地绽放笑容，与人为善。

作为销售员，在与客户交流的过程中，一定要满怀热情，以一流的口才征服客户，也以热情点燃客户的心。除了能够影响客户之外，热情还能提升销售员自身的情绪状态，也会对销售员的工作状态有所改善。常言道，赠人玫瑰，手有余香。销售员充满热情，对于自己和客户都有很大的好处，也能推动销售工作的顺利开展。

第一章 舌尖功夫：销售一张嘴，功夫不可少

作为世界上最伟大的推销员，乔·吉拉德创造了销售界的奇迹，也成为销售界的传奇。然而，乔并非天生就很擅长推销，他最初对销售一窍不通，销售经验是在销售的过程中慢慢摸索出来的。后来的乔对销售深有体会，而且总能够以热情点燃客户的激情。

有一次，乔接待了一名中年女士。这位女士当天过生日，因而想买一辆白色的汽车送给自己作为生日礼物。在乔得知当天是女士的生日后，当即热情地对女士说："我祝您生日快乐，女士，能够和您共度生日，为您挑选生日礼物，简直是我的幸运。"说完，乔开始为女士介绍各种款式的白色汽车，与此同时，乔也借着为女士冲咖啡的机会，安排同事去最近的花店购买一束白色的百合，并且写上生日快乐的卡片。很快，同事就把花买回来了。乔把鲜花藏在自己的身后，等走到女士的身边时，才突然拿出鲜花，对女士说："尊敬的女士，祝您生日快乐，永远如同白百合一般纯洁美丽。"女士惊讶极了，眼眶都红了，她激动地对乔说："我已经十几年没有收到生日礼物，也没有收到鲜花了。我最爱白色，最喜欢白百合，所以才想为自己买一辆白色的车。我原本对于福特的一款车印象也不错，但是我现在觉得，还是你卖的雪佛兰更好。感谢你，我会永远记住这个生日的。"

当天，女士就向乔订购了汽车。在其他同事看来，乔太了不起了，总是能够在最短的时间内说服客户成交。实际上，乔并没有过多地说服客户，而只是热情地祝福客户生日快乐，又热情地给客户送上鲜花作为生日礼物。听起来这两件事情很简单，却足以让客户感受到乔的热情和真诚。所以，即使乔不努力说服客户购买，客户也会欣然接受乔推荐的汽车，并且下定决心购买。

人是感情动物，尤其注重感情。对于乔而言，能够恰巧为客户选购生日礼物，

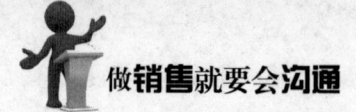

正为他表现热情提供了好时机,他当机立断就表现自己的热情,也以热情温暖客户的心,真正打动客户。

作为美国通用公司的前任总裁,瓦格纳曾经给予热情极高的评价。他说,与金钱和权势相比,热情是不可多得的财富。拥有热情的销售员,能以热情融化客户心中的坚冰,也在无形中消除客户的傲慢和偏见,这样销售工作进展顺利,水到渠成。由此可见,热情的销售员是强大的,也是无往不胜的。

但是凡事皆有度,过犹不及。作为销售员,既要对客户表现出热情,也要把握好热情的度,不要表现出急功近利的态度。客户尽管主动想要购买某件产品,但是却不希望被销售员的热情绑架,更不希望成为销售员的猎物,所以销售员在表现热情的时候一定要适可而止,既不要故意贬低自己,也不要刻意抬高客户,而要不卑不亢,落落大方,以优质的专业服务展示自己的风采,征服客户。作为销售员一定要记住,唯有以热情的表达燃爆客户,才能给予客户最佳的消费体验,创造一流的销售业绩!

5. 销售人员必须遵循的沟通原则

说话是很简单的事情，沟通却不简单，尤其是销售员和客户之间的沟通，因为有一定的目的性，所以更应该理性慎重。全面考虑各种要素，这样才能让沟通顺利地进行下去，为销售工作的展开和完成奠定基础，并最终达到预期的效果。

众所周知，人与人之间的沟通是有原则的，销售员与客户之间的沟通又不同于普通的人际沟通，更要讲原则。

首先，销售人员与客户沟通的时候一定要真诚友善、尊重客户，这也是普通人际关系的基础。任何人际关系，都要建立在相互尊重、平等对待的基础上，这样才能保证人际关系良性发展。

其次，销售员与客户沟通时，要更多地站在客户的角度上考虑客户的想法，满足客户的需求。如果销售员单纯地把自己当成一个卖东西的，而一味地说服客户下定决心购买，就很容易引起客户的反感。归根结底，销售行为的完成要建立在客户心甘情愿的基础上，所以销售员要把自己定位于解决客户难题、满足客户需求的角色上，而不是一味地强求客户。

再次，销售员与客户沟通要端正态度，不要对客户指手画脚，从而避免给客户留下恶劣的印象。尽管在专业领域内，销售员是客户的顾问和指导，但是销售

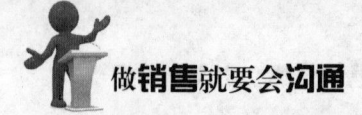

员依然要尽心竭力为客户服务，即使觉得自己可以给予客户专业的指导意见，也要怀着谦虚的态度，而不要对客户颐指气使，否则必然招致客户的反感。

最后，销售员在与客户沟通的时候，还要秉持因人而异的原则。众所周知，每个客户的身份地位各不相同，脾气秉性也不一样，在这种情况下，销售员当然不能对所有客户"一视同仁"。根据客户不同的身份地位、脾气秉性，销售员应该采取不同的销售策略与沟通技巧。因为客户不同，销售员在与客户交流的时候，还要选择更能够激发客户兴趣的话题，这样才能保证交流顺利进行下去。例如，如果销售员面对的客户是孩子，那么就可以和孩子聊聊玩具、游戏等，注意，不要问孩子考试考了多少分，在班级里排多少名，即使是学习成绩优异的孩子，也不愿意在娱乐休闲的时候，谈与学习相关的话题。再如，如果销售员面对的客户是老人，那么就可以和老人谈谈养生、保健的话题，或者老人喜欢种花种草，那么还可以适度向老人请教花草的问题。只有因人而异，销售员的沟通才能得到客户的积极回应。

作为空调促销员，小敏要经常面对各种各样的客户，有些客户很认可空调的品牌，也有些客户会对空调的品牌与质量提出质疑。做销售工作，小敏面临的第一个挑战就是与客户顺畅沟通，否则别说解决客户的质疑了，与客户交流也会变得很艰难。

有一天，一个客户提出要购买一台空调，要求是静音、节能，还要价格便宜。同事接待了这个客户，对于客户提出的这三个要求，同事表示很为难，直截了当地说："静音节能的空调都是新款，都不便宜，您到底是要多少价位的呢？是更看重性能，还是更看重价格呢？"听到同事的话，客户有些不满，当即反驳："你说这话是什么意思啊，是怕我买不起吗？"同事有些不屑地说："我当然不是怕

第一章 舌尖功夫：销售一张嘴，功夫不可少

您买不起，只是想和您确定下，如果静音节能和价格便宜只能取一样，您选择哪一样？"客户生气地说："我哪样都不选，就你这种态度，还想把空调卖出去吗？"小敏见状不妙，赶紧打圆场："先生，别和他一般见识，他是刚进公司的新人，还不会说话呢！请问，您买空调是自己使用，还是给老人或者孩子使用呢？"那位先生看到小敏态度不错，也压抑住怒气回答："孩子。"小敏说："如果是给孩子使用，我给您推荐我们的一款新型空调，不但具有传统空调的制热制冷功效，最重要的是还能净化空气，非常适合给孩子使用。"听到小敏这么说，客户询问道："价格如何呢？"小敏说："价格不便宜，不过性价比很高。因为这款空调的定价是4999元，而现在在搞活动，只卖4299元，还赠送空调罩。我觉得空调至少要使用十年，而且如今空气污染也很严重，要是能让孩子在使用空调的同时净化空气，当然是非常棒的，您觉得呢？这样也能节省家里的空间，不需要单独购买空气净化器了。"可想而知，小敏毕恭毕敬地说了这一番合情合理的话之后，客户当即决定购买这款性价比很高的空调，并且还一个劲儿地夸小敏服务态度好呢！

在小敏之前，那位同事接待客户的时候，对于客户提出的静音节能、价格便宜的要求，显然感到很不满，流露出不屑一顾的情绪，也明显表现出对客户的不尊重。实际上，每一个客户在购买商品的时候，都是希望商品质优价廉。然而那位同事根本不了解客户的心态，所以一旦看到客户很关注价格，就认为客户根本没有能力购买，对客户很轻视。可想而知，客户花钱是购买商品或服务的，面对一个轻慢自己的销售人员，肯定不愿意掏腰包付钱。

幸好，小敏非常机灵，在觉察到客户的愤怒之后，她第一时间毕恭毕敬为客户服务，从而平复了客户的情绪，扭转了客户对于产品的附加值——服务的不良

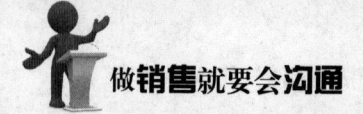

印象，最终成功地争取回客户，也让交易顺利达成。不管是多么优秀的销售员，哪怕是销售界的传奇人物，也必须对客户保持尊重和平等的态度。要想成为一名合格的销售员，就要记住与客户沟通的原则。唯有尊重、理解、友善地对待客户，把客户的事情当成自己的事情去做，销售员顺利打开客户的心扉，赢得客户的认可，也让销售工作顺利进行下去。

6.沟通五忌：争辩、质问、命令、炫耀、直白

销售员与客户之间的沟通既要遵守普通人际沟通的原则，又因为带有一定的销售目的而具有不同于普通人际沟通的特点，销售员在与客户沟通的时候，就要坚持销售沟通的原则，避开销售沟通的禁忌。

第一，不要与客户争辩。在销售过程中，销售员一定要避免与客户争辩。有些销售员觉得自己是特定领域内的专业人士，面对客户的求教完全一副不可一世的态度，坚持让客户听从他们的意见和安排。这样的销售员十分自以为是。在这样的心态下，很多销售员一旦遇到与客户意见不统一的情况，就会与客户争辩，甚至与客户之间发生激烈的争吵，这是本末倒置的行为。销售员始终都要记住，为客户服务的目的是促进销售，达成交易，而不是为了与客户为敌。哪怕打着为客户着想的旗号，销售员也不能与客户激烈争辩，否则一旦被客户否定，那所有的努力将付之东流。

第二，不要质问客户。客户是上帝，这是每个销售员都要牢记的销售原则。尽管销售员在人格上与客户完全平等，但是在销售关系中，销售员理应为客户服务，所以要本着服务于客户的精神，当遇到不了解的问题时，以恰当的方式询问客户，而不要肆意质问客户。

第三，不要命令客户。客户是上帝，哪怕销售员说的是对的，也要尊重客户

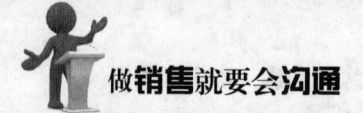

的意愿，毕竟客户是购买者，是决策人，而销售员不能对购买行为起到真正的决策作用。明智的销售员会引导客户，循序渐进地让客户接受自己的意见和态度，而不会一味地命令客户。否则，销售员一旦招致客户反感，被客户否定，再想赢得客户的尊重和认可就很难了。

第四，不要在客户面前炫耀自己明智的销售员从来不会在客户面前表现出优越感，也不会刻意在客户面前炫耀自己的财富。很多客户享受购买的过程，也希望从购买行为中找到优越感，在这种情况下，如果销售员的风头压过客户，那么客户如何能心甘情愿地掏腰包完成购买行为，遂了销售员的心愿呢！很多客户希望自己是高高在上、受人羡慕的，销售员一定要懂得销售心理学，也要把握客户的微妙心理，如此才能把这一切都做得恰到好处。

作为一名房地产经纪人，小爱尽管家里生活条件很好，有房有车，也不缺钱，但是她很少在工作中表现出来。在面对客户的时候，因为大多数买房的人都是刚需，经济紧张，为此小爱总是设身处地为客户着想，也尽量理解客户的苦衷。很多客户都非常认可小爱，觉得小爱年纪轻轻，很善解人意，因此也都愿意与小爱合作。

有一次，小爱带着一对年轻的小夫妻看房，她与这对小夫妻相处很好。在经过几次实地带看之后，小爱与这对小夫妻俨然是朋友一般亲近和随意了。也许是因为过于放松，小爱在带着这对小夫妻去自己所住的小区看房时，小爱对小区表现出很熟悉的样子，甚至熟悉在小区里生活的细节。小夫妻疑惑地问小爱："你对这个小区可真熟悉啊！"小爱笑起来，说："我家就住在这个小区啊！"小夫妻马上羡慕地问："你家就是本地的啊！"小爱摇摇头，说："不是的，这个房子是在我读大学期间，爸爸妈妈就提前买好的，说是准备我大学毕业住。现在看来，他们真是高瞻远瞩，我大学读完，房价都翻了一番了，要是后来再买，肯定就买不起了。"小夫妻更羡慕了，妻子更是当着小爱的面就对丈夫说："看看人家的父母，你说你还是男孩呢，你爸妈当初也有些小钱，怎么就没有人家父母的深谋远虑呢！"丈夫有些生气，说："那人家也是女儿，你也是女儿啊！"小爱看到气氛变得尴尬，赶紧打圆场："哎，都是偶然，我爸妈也是因为有亲戚在本地，才有提前买房的想法。不过，现在买也不错，反正是刚需的，而且房子也保值增值，什么时候买都不差。"

发生这件事情之后，这对小夫妻就渐渐地疏远了小爱，后来索性不再跟着小爱看房了。原来，他们的年纪比小爱还大几岁，都结婚了，在房产方面却不如单身的小爱，这伤害了他们的自尊，也让他们失去了优越感，才使得他们刻意疏远小爱。

从这个事例不难看出，人都希望自己很优越，没有人愿意被他人比下去。如果小爱能够一如既往地低调和谦虚，不在客户面前表现出优越感，更不炫耀，那么凭着她此前就与客户建立的良好关系，也许成交会很顺利。

第五，不要直白。不管与客户的关系多么好，在交流的过程中，对客户说话都要有分寸，而不要口无遮拦。很多销售员脾气耿直，与客户说话丝毫不顾及客户的想法和尊严，可想而知，他们的销售业绩一定不会很好，因为他们的直言不讳不知不觉间就会得罪客户。

在某些情境中，直来直去是好的，如面对朋友时。但是销售员在与客户沟通的时候，一定要三思而言，谨言慎行。俗话说，买卖两个心眼。销售员与客户的关系再好，客户也不会愿意把钱白白掏出来。花钱可以，至少要物有所值，这是很多理性消费者的消费观念。而在销售过程中，哪怕表面看起来与客户关系亲近，

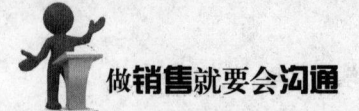

也要保持理性,把握分寸,与客户交谈不要过于随意。

总而言之,销售过程中,销售员在与客户沟通时,既要把客户当成普通的交流对象真诚相待,又要注意沟通细节,不要因为一时的疏忽大意引起客户的反感,否则就得不偿失了。除了要注意以上列举的五大原则之外,销售员还要更加关注与客户沟通的细节,只有把细节做好,才能让销售水到渠成。

第二章
学会赞美：好话一讲，黄金万两

在人际交往中，语言的魅力不容小觑。尤其是销售行业，与客户之间最主要的交流，就是语言的交流。要想在最短的时间内与客户之间拉近关系，打开沟通的局面，销售员必须掌握的一个技巧就是赞美。销售员能够把赞美的技巧运用得恰到好处，就能快速打通与客户之间的沟通渠道。

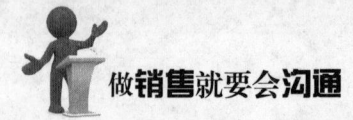

1. 真诚的赞美语言最能打动人

虽然人人都喜欢赞美，但是赞美并不是人际沟通的撒手锏。如果赞美不能以真诚为前提，就会显得很虚伪，在这种情况下，赞美会事与愿违。由此可见，赞美尽管是每个人都愿意听到的，但是赞美的话却不是人人都能说好的。在销售工作中，销售员要想让赞美恰到好处，就一定要让赞美更加真诚，这样才能有效地打动客户的心，也让客户第一时间就认可和接纳销售员。

很多人为了追求赞美的效果，总是不假思索就赞美他人，也常常因为说不符合实际的话，而事与愿违。赞美他人要真诚，也是有技巧的。首先，要赞美他人显而易见的优点，尤其是对于初次见面的人而言，这样的赞美至少符合真实性的需要。其次，要赞美他人不易被人觉察的优点。随着交往的深入，我们也会看到他人更多的优点，在这种情况下，真诚地赞美这些不明显的优点，就会让人感受到你的用心和真诚。再次，还要抓住赞美的时机，否则不合时宜的赞美只会让人产生违和感，赞美自然也就无法起到预期的效果。最后，赞美一定要慷慨大方，又要避免言过其实。很多人赞美他人的时候很吝啬，不愿意说出太多的赞美之词，导致听到赞美的人有些小小的遗憾。很多人赞美他人，又因为过于慷慨大方而导致言过其实，这会让赞美变得不切实际，也无法起到预期的效果。这些都是赞美的方法和技巧，唯有掌握这些方法和技巧，再根据交谈对象的特点，才能让赞美更有效。

作为少儿培训机构负责销售的老师，小方每天的工作就是接待家长。这些家长教育孩子的方式千奇百怪，有的家长根本就不了解自己的孩子，却对孩子提出各种各样的要求。在这种情况下，孩子自然很难达到父母的要求，也会因此与父母之间爆发出各种各样的冲突。这就注定了小方在与各种家长沟通的过程中，除了要了解孩子的情况之外，还要考虑家长的烦恼和感受。曾经，小方因为顺着父母的话说孩子是"熊孩子"，导致父母心生不悦，家长以"不能欣赏孩子的老师不是好老师"为由，拒绝了她家长。

从事这个岗位的时间久了，小方渐渐地领悟到父母对于孩子既爱又恨的复杂心情，因而能恰到好处地赞美孩子了。有一次，一对父母带着孩子来机构试课，孩子非常调皮，总是不停地跑来跑去，而且上课过程中还不停地开小差。对此，小方在授课老师反馈授课情况的时候，灵机一动说："思维敏捷的孩子，往往更调皮，思维转换也非常快，这恰恰是他们思维灵活的表现。"父母听到小方恰到好处的赞美，当即从尴尬转为自然，对小方也多了几分认可。

发现孩子的优点，并且赞美孩子的优点，对于在少儿培训机构当销售老师的小方而言，是提升工作业绩的关键点。毕竟，每个孩子都是独一无二的生命个体，每个孩子都有自身的优点和缺点。作为老师，既要看到孩子的缺点，也要看到孩子的优点，唯有带着对孩子真切的爱，老师才能如同春雨润物那样有耐心地对待孩子，给予孩子最好的教育和陪伴。把握了这个真谛后，小方摆脱了工作上的困境，在与父母相处的过程中恰到好处地赞美孩子，也有效改善了自己的工作局面。

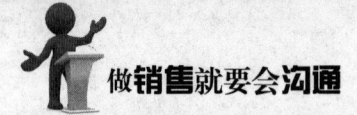

作为销售人员,一定要端正心态,摆正自己的位置。既不要对客户过于阿谀奉承,也不要对客户抱有着不以为然的态度。只有给予客户恰到好处的赞美,才能真正打开客户的心扉,赢得客户的真诚相待,也才能让销售工作水到渠成。不管赞美客户哪个方面,销售员都要坚持一个原则,那就是赞美一定要真诚,这样才能不会给客户带来糟糕的感受。

2. 赞赏既不能吝啬，也不能滥施

现实生活中，有的人特别不善于赞美他人，总是板起严肃的面孔，对于他人完全是一副不卑不亢的表情。其实，人与人之间的交往是相互的，当你拒人于千里之外，他人也会以同样的态度对待你。所谓己所不欲，勿施于人。投射到心理学上，就是如果你希望别人怎样对待你，你也要怎样对待别人，所以当你希望得到他人的友好对待，你首先要慷慨大方，尤其不要吝啬赞美他人。然而，赞美并不是多多益善，要想让赞美起到预期的效果，就不能让赞美泛滥。只有适度把握赞美的原则，既不过于大方地运用赞美，也不毫无原则地赞美他人，才能取得最好的结果。

毫无原则地赞美他人，会导致赞美效果大打折扣。作为销售员，千万不要把赞美当成是与他人交往的撒手锏，而要意识到赞美的作用尽管很强大，但是过度赞美则会导致赞美的效果大打折扣。凡事皆有度，过犹不及。在赞美他人方面，也是如此。

作为一家保健品公司的推销员，刘丹最擅长的就是赞美客户。这是因为刘丹刚刚加入销售行业的时候，师父就告诉刘丹："购买保健品的一般是大爷大妈，或者是他们的子女。因而，你一定要使劲地赞美他们，他们才愿意来购买保健品。

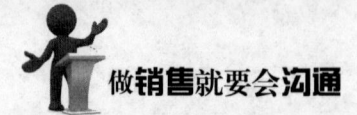

如果你吝啬赞美，则你的工作局面就令人担忧了。"

刘丹始终牢记师父的教诲，在工作过程中，也的确因为慷慨赞美，销售出去几份保健品。有一天，店里来了一位老年女士，想要购买保健品，正好是刘丹接待的。刘丹看到老年女士身材窈窕，当即赞美女士："女士，您的身材真好，就和少女一样，让我们这些年轻人情何以堪啊！"女士听到刘丹的赞美，心中高兴，因而笑着说："是嘛，我也不老啊！"刘丹马上意识到自己的赞美有些不妥当，继续展开赞美的攻势，对女士说："您不老，一点都不老。你有多大岁数了，看上去顶多四十五六岁吧！"刘丹话音刚落，女士的脸色就有些变了。她说："我可不是四十五六岁，我的年纪足以当你的阿姨了，难道你看不到我脸上的皱纹吗？"刘丹不知道自己哪里说错了，这时，老年女士从店里走出去，一去不返，只剩下刘丹不知所措。

刘丹想不明白自己的问题出在哪里，因而问旁边的同事："我怎么了，是说错话了吗？"同事原本就瞧不上刘丹对客户拍马溜须式的赞美，因而冷漠地说："你没说错，只是你的糖衣炮弹发射得也太频繁了，客户又不是傻子，谁愿意与一个把自己当傻子的人打交道呢？"刘丹听完呆若木鸡：难道赞美客户也有错？

赞美客户没有错，但是过度赞美客户则大错特错，尤其这过度赞美还建立在不真实的基础上，更是会给客户带来糟糕的情绪体验。人都是趋利避害的，矮人面前不说矬，是因为矮人自尊心脆弱，非常敏感，所以不希望被人当面说矬。那么对于老人而言，他们青春逝去，年华不在，因而他们不愿意被人当面说起老，甚至不想听到自己最想要重新得到的青春。刘丹因为过度赞美客户，恰恰犯了哪壶不开提哪壶的错误，导致给老年女士留下了不好的印象。

赞美客户，一定要真诚，而且要以真实作为基础。对于客户的小小优点，可以通过赞美的方式适度夸大,但是对于客户根本不具备的优点,销售员最好不要刻意无中生有地赞美,否则这种赞美有可能被客户误解为挖苦、讽刺,导致恶劣的后果。总而言之,人人心中有杆秤,作为销售员,不要低估了客户的智商和情商,而要本着真诚真实的原则,以赞美打开客户的心扉,给予客户更好的情绪感受和体验。

记住,赞美不要泛滥,物以稀为贵。赞美唯有恰到好处,才能起到预期的效果,否则就会因为泛滥,而不被客户珍惜,甚至招致客户的反感。毫无疑问,这是不利于开展销售工作的。销售员在面对客户的时候,一定要消除急功近利的思想,这样才能淡然从容,发挥自身的优势和特长,在最短的时间内调整好自己,以最好的状态面对客户。

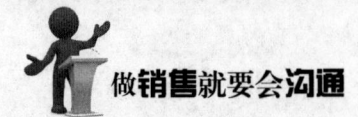

3. 要使你的赞美不流于庸俗

如何才能让赞美成功地打动客户的心呢？作为销售员，这需要掌握一定的技巧，更需要用心赞美客户。对很多本身就光华璀璨的客户而言，也许他们的优点已经得到了无数人的赞美，因而当多一个人来赞美他们时，他们未必会有心动的感觉，也许会因为已经听过了太多这样的赞美，而感到厌烦。销售员怎么做才能成功地打动客户呢？换言之，销售员怎样赞美客户，才能让客户心动呢？同样是赞美，只有别出心裁，给客户带来与众不同的感受，才不致让客户心生厌烦，也给客户留下好印象。

人的本能就是趋利避害，这也是人人都渴望得到赞美的原因。很多人把赞美视为世界上最美丽动听的声音，由此可见赞美的确是独具魅力的，也是让人心动的。然而，让赞美的效果达到最好，并不是容易的事情。赞美唯有用心，不流于庸俗，才能一下子击中他人的心，也给予他人最好的情绪体验。

如今，成功学大师卡耐基家喻户晓，实际上，在幼年时代的卡耐基在整个村庄里都是出了名的淘气大王。

卡耐基很小的时候母亲就去世了，等到他九岁那年，父亲迎娶了新妻子。当继母来到家里，父亲当着卡耐基的面对继母说："亲爱的，你必须警惕此时此

第二章 学会赞美：好话一讲，黄金万两

刻站在你面前的这个小男孩，他可是全村都出了名的顽皮鬼，我已经对他无计可施，你也必须防范他有可能对你做出任何让你意想不到的事情。"这是卡耐基第一次与继母见面，这样的介绍简直糟糕透顶，为此，卡耐基忐忑不安地看着继母，不知道如何回应父亲的介绍。正当卡耐基紧张不安的时候，继母却面带微笑地走到卡耐基的面前，摸着卡耐基的头，又蹲下来与卡耐基平视，然后转头告诉丈夫："你的介绍一点儿都不对。他不是全村最调皮捣蛋的男孩，他一定是最富有创造力，而且也是最聪明机智的男孩。他需要一个正确的方向，去发泄他无穷的精力和对生命的热爱。"

这是卡耐基第一次得到长辈的赞赏，他的眼泪几乎快要滚落下来，他当即就接纳了继母。后来，他的确得到了继母的谆谆教诲，他的人生也因此而变得与众不同。在14岁那年，卡耐基接受了继母独特的礼物——是一部二手打字机。在送出这份礼物给卡耐基的同时，继母坚定地对卡耐基说："用文字表达你吧，你会成为一位非常优秀的作家。"卡耐基感受到继母的真诚与热情，哪怕是为了不让继母失望，他也愿意拼尽全力去拼搏。最终，卡耐基成为大名鼎鼎的作家，不但在美国拥有很大的名气，而且在世界都产生了巨大的影响。

继母的赞美为何能够打动卡耐基呢？一是因为年幼的卡耐基顽皮淘气，从未得到过任何人的赞美；二是因为继母的赞美不同流俗，看到了卡耐基不为人知的优点。所以，继母的赞美让卡耐基成功地改变了自己。美国大名鼎鼎的作家马克·吐温曾经说过，如果能得到一句真诚的赞美，胜过十天的美食。由此可见，赞美是人精神上的食粮，能够让人贫瘠的心得到滋养。对于干涸的灵魂而言，赞美就像是灿烂温暖的阳光。只有在阳光的照射下，生命之花才能绚烂绽放。

曾经有人说，如果你想让对方变成怎样的人，不要批评和否定对方，而要像

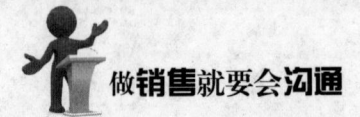

自己所期望的那样赞美对方。唯有如此，对方在感受到肯定和赞美的力量后，才会主动自发地改变自己。这种来自内心的主动力量，对人的影响是非常大的，比来自外界的强迫力量更有效果。所以作为销售员，要想征服客户，要想让赞美起到预期效果，就要让自己的赞美不同流俗，从而才能成功打动客户的心，给客户带来最好的情绪体验和积极的力量。

4. 赞美要有新意，挠痒也要恰到好处

每一个得到赞美的人，心中都会情不自禁地感到喜悦，这是人的本能在起作用，因为人都是趋利避害的。从本能的角度出发，人就会更加渴望得到赞美，而情不自禁地逃避否定和批评。面对人的根本需求，作为明智的销售员，当然要投其所好，这样才能打动客户的心，也赢得客户的认可。当然，赞美从来不能泛泛而谈，尤其是当客户的某个优点已经得到了无数人的赞美，或者所有人的赞美都是直截了当、毫无新意时，销售员要怎么做，才能让赞美有新意，让听到赞美的客户心动呢？

不管做什么事情，都要有的放矢，才能取得最好的效果。生活不是打鱼，不是一网撒下去，就听天由命。真正的智者是人生的主宰，能够在幸运之中始终把握方向，绝不随波逐流。作为销售员，在赞美客户的时候也要首先找准方向，这样才能恰到好处地满足客户的需求，也才能让客户心花怒放。

一个傍晚，服装店里来了一对夫妻，小白热情地接待他们，并主动向顾客介绍衣服。第一件衣服，女主说颜色暗了，不喜欢；拿了第二件衣服，她说颜色太艳了，没法穿；又拿了第三件，她有点不高兴，这个适合我吗？小白虽然有点委屈，但她依然笑着对她说："姐，您别急，给您看这款衣服，是当季最流行的款

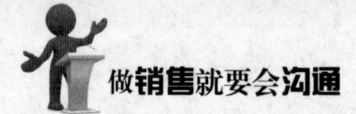

式,你穿上一定很漂亮。"听完小白的话,她平静了下来,"那我试试吧!"

换好衣服,她走出试衣间,爱人看到一个全新的妻子,不停地说:"不错,真好看!"她看着镜子里的自己也一直赞叹,"这衣服穿上比陈列着好看!"随后,小白用最专业的知识讲解了面料成分、设计理念和搭配效果。这时,女主接了个电话,从她的通话中,小白听出她是个生意人,经常外出谈业务。于是小白根据她的生活场景为她搭配了商务套装,尽显商业精英女士的特点,又搭配了易打理、方便携带的旅游套装,适合长途旅行……小白的推荐,有了起步的成功。这位女主开始用心试了起来,一晃一个小时过去了,临近午后一点,她便和自己的老公说,饿了,想一想去哪家吃点东西,小白平时有准备水果和零食的习惯,马上递上了干净的桃子,她高兴地吃着并夸桃子真甜。最后,小白推荐的9件衣服,她留下了6件!

赞美就是有如此强大的魅力,能够瞬间打动一个人的心,展现自身的魅力,赢得他人的尊重和认可。

很多朋友曾经有过挠痒痒的经历,就会知道如果自己明明是这个地方痒痒,但是却被挠了那个地方,那么一定会觉得很难受:该挠的地方不挠,不该挠的地方使劲挠痒,这岂不是让人很着急,也很郁闷吗?所以正确的做法是,作为挠痒痒的人,首先要弄清楚想挠痒的人到底哪里痒痒,这样才能一伸手就恰到好处,把痒痒挠好。否则,出了力,却挠不到正确的地方,这无疑是使人感到很痛苦的。尤其是作为销售人员,赞美客户,一定要恰到好处,否则就会导致客户很恼火,也使得赞美无法起到预期的效果。

当然,恰到好处的赞美并非马上就能实现,赞美的人必须用心,也多多花费心思,深入了解要赞美的人。否则,如果盲目地去赞美他人,则会导致赞美失之偏颇，或者无法真正表达出对他人的好意。这样，当然会使赞美剑走偏锋，甚至可能起到完全相反的效果和作用。总而言之，赞美一定要用心，更要赞美到点子上，如此才能具有新意，也才能让被赞美者心动。

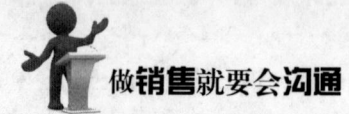

5. 附和对方也是一种赞美

在销售过程中,销售员难免与客户意见相左。这时,有的销售员会据理力争,甚至与客户之间发生争辩,明智的销售员却会避免与客户之间发生冲突,而采取"曲径通幽"的方式解决问题。前文我们已经见识到赞美的独特魅力,那么当与客户之间发生矛盾或者意见相左时,明智的销售员会首先附和客户,以附和的方式表达对客户的认可和赞美。没有人会拒绝赞美,人都是趋利避害的,这注定了每个客户也都想赢得赞美,而不愿意接受批评。所以,聪明的销售员会给予客户赞美,以附和的方式避免否定客户,也给予客户更好的消费体验和感受。等到帮助客户恢复平静的情绪之后,销售员才有更多的时间和空间来斡旋,也以更好的方式说服客户,这比盲目地否定客户,效果好多了。

对于客户而言,得到他人的认可,与得到他人的赞美一样,都是很棒的感受。因而销售员大可不必把赞美的话说出来,只需要自然而然地附和客户,就能赢得客户的心,也能让客户对他心服口服,好感顿生。当然,当销售员觉得自己的意见是正确的,也就没有必要完全遵照客户的意思,毕竟销售员除了推销之外,还应该在专业领域内给予客户一定的引导,为客户提供专业的意见。当这两个方面的事情都做到位,销售工作也就能顺利进行下去。

第二章 学会赞美：好话一讲，黄金万两

作为一名保健品推销员，小雨经常会遇到一些不认可保健理念的客户，甚至还有些客户对于自己的身体健康状态盲目乐观，总觉得自己不会患上任何疾病。

周末，小雨在店里值班，一位中年人走进来，询问有没有改善睡眠的产品。小雨先给中年人进行了简单的检查，为中年人测量了血压。看到中年人的血压偏高，小雨提醒中年人："先生，您的血压有些偏高，在正常值的高值范围，建议您定期测量血压，关注血压情况。我们这里也有调节血压的保健药品，很适合您这样血压有偏高倾向的人群服用。"听到小雨的话，中年人明显表现出不以为然的样子，说："高血压不都是老年人才会得吗？我的血压还是在正常范围内的吧！"听到中年人有些不耐烦，小雨马上对中年人的话表示肯定："的确，通常老年人患高血压比较多一些，这是老年人的血管随着年纪的增长越来越脆弱，而且血管弹性变差导致的。不过，如今的生存压力很大，很多中年人上有老，下有小，也会出现高血压的倾向。甚至还有些年轻人，也因为工作压力大，患上了高血压。看您的样子，一定是领导，日理万机，更加紧张和操劳。目前您的血压还在正常值范围内，要调节好身体的状态和心情，对于稳定血压是很有好处的。"

此前，中年人还因为小雨怀疑他有高血压而生气呢，在听到小雨后来的这番话之后，中年人情绪明显缓和，说话也平静了一些："是的，压力是真大啊！也不算是真正的领导，就是个小喽罗，但是什么事情都要负责。"小雨笑着说："能者多劳，您是志向远大，所以前途大有可为。在我眼里，就凭着您与众不同的气质，您一定是大领导。而且您睡眠不好，肯定也与操心过度、压力太大有关。"

就这样，在小雨中肯的赞美中，中年人不仅购买了有助于睡眠的保健品，还主动购买了稳定血压的保健品。在身体状况有所改善之后，中年人经常来到店里，点名找小雨，始终坚持从小雨手中购买保健品。

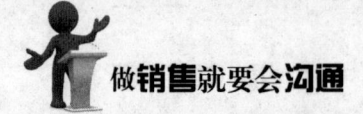

小雨情商很高，也懂得销售的表达技巧，所以面对中年人的质疑——"高血压不是只有老年人才会得吗"，她首先表示认可，而不是急于否定中年人的观点。否则，如果小雨坚持说中年人不懂健康，说的是错的，可想而知，她与中年人之间也就不会有后来气氛融洽的交流了。

作为销售人员，一定要给足客户面子，尤其不要直接否定客户的观点和意见。否则，哪怕销售员说的是对的，也得不到客户的认可，更得不到客户的好感。聪明的销售员会先附和客户的意见，对客户表示认可和赞美，然后再在客户心情大好的时候，以委婉的方式向客户灌输正确的观点和理念。

记住，要想成为一名优秀的销售员，首先要学会"接受"和"认同"客户，如此才能间接地表达对客户的赞美，也给客户留下好印象，同时赢得客户的好感。销售员在与客户沟通的过程中，尤其是在与客户意见相左的时候，一定要尽量少说"但是""可是"等转折性很强的词语，因为这些生硬的词语会给客户带来糟糕的消费体验。这样的词语看似平淡无奇，却会对客户的内心产生很强的杀伤力，导致销售员即使真心诚意地赞美客户，客户依然心中别扭，不愿意接受销售员的一番好意。例如"是的……如果……""最终……"等词语，能够有效替代"但是""可是"等词语，不致让客户感到难堪和尴尬，是很多销售员说话时的首选词语和最佳表达。总而言之，学会附和客户，表达对客户的认可和赞美，销售员的销售工作就向着成功迈出了一大步。

6.销售过程中，你须知的赞美原则

赞美不但能够拉近人与人之间的距离，也能为人与人之间良好的相处奠定基础。在这个世界上，赞美是最受人欢迎的话，对他人进行适度的赞美，不但能够与他人亲近，还可以获得他人的真诚对待。也许有人会说，如今的很多赞美都是浮夸的，都不值得相信。现代社会，尽管很多人都急功近利，都想得到他人的夸赞，也的确导致赞美横行，然而，真诚的赞美依然是人们所需要和渴望得到的。从心理学的角度而言，人人都有一种心理上的需求，那就是得到他人的肯定与赞美，这样才能满足自己。

作为销售人员，要想把赞美的话说到客户的心坎里去，就要深入了解客户，洞察客户的内心，也对客户付出真心，这样才能恰到好处地赞美客户。除了看到客户显而易见的优点之外，销售员还要深入地了解客户的需求，也要有效安抚客户因为需求得不到满足而产生的紧张情绪。从心理学的角度而言，既然客户喜欢得到赞美，也需要得到赞美来满足自己的心理需求，作为销售员，又何必吝啬赞美呢？归根结底，赞美不会让销售成本增加，而是"顺带嘴"的事情。与其把话说得让客户反感，销售员不如提升自己的语言表达技巧，不吝啬赞美，用赞美打动客户的心。

对于销售员而言，赞美既是软实力，也是必备的基本功。如果一时之间实

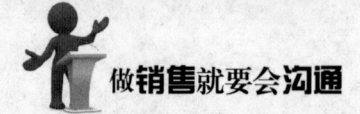

在不知道如何赞美客户,也可以遵循以下原则,按部就班地赞美客户。等到真正把赞美的技巧运用纯熟,再发挥自身的积极性和创造性赞美客户,会起到更好的效果。

首先,赞美要言之有物,唯有言之有物地赞美客户,才能起到预期的效果。赞美客户,可以赞美客户显而易见的优点,也可以赞美客户不为人知的小细节,前者也许无法成功地打动客户,但是至少遵循了真实的原则,不致引起客户的反感。而要想做到后面这一点,则要在认真细致观察且深入了解客户的基础上进行赞美,这样的赞美才能让客户心动。

其次,赞美要把握好度。如果赞美不能把握好度,则会导致过犹不及,也会产生事与愿违的效果。所以不管什么时候赞美客户,销售员都要把握适度原则,一定要恰到好处。

再次,赞美一定要因人而异。众所周知,每个人都是这个世界上独一无二的生命个体,都有自己的脾气秉性。当面对不同的客户,销售员也要有针对性,采取不同的策略,这样才能起到最好的效果。销售员如果总是以同样的方法面对客户,则往往会适得其反,甚至引起客户的反感。

最后,赞美要讲求时机。在销售过程中,销售员一定要把握好适度的时机,才能恰到好处地引导客户,否则如果把赞美的话说得很突兀,则根本无法起到预期的效果。

作为一名瓷砖推销员,小波的销售业绩总是很好,这都是因为他很善于赞美客户,而且能够把握赞美的时机。有一天,正好是小波值班,为此他早早地来到店里开门。开门没多久,就来了一个中年男士在瓷砖区域徘徊。小波正在打扫卫生,也没有太早地走到客户身边,而是继续打扫卫生,因为他想给客户一些时间来鉴赏瓷砖的品质，找到自己更喜欢的瓷砖。

果然，客户看了没多久，主动询问小波："小伙子，这款瓷砖怎么样？"小波看到客户选中了今年的最新款，也是店里的主打款，因而当即赞美客户："这款瓷砖是今年新款，也是店里的主打款，您的眼光真犀利，一下子就选中最好的瓷砖。"听到小波的赞美，客户很高兴，继续问："这款瓷砖的价格呢？"小波回答："这款瓷砖属于高端产品，价格相对也较高，是230元一块。"听到这个价格，客户不由得感慨："价格果然高啊！"小波问客户："您是哪个小区的？"客户回答："紫金君尚。"小波马上说："这是一个很高档的小区啊，我前几天还给这个小区的一个客户送瓷砖了呢。小区环境清幽，闹中取静，地处繁华，但是小区里却鸟语花香，简直是大都市里的世外桃源。而且，居住那个小区的人整体素质都很高呢。"听到这样由衷的赞美，客户更加高兴了，说："这个价格还是太贵！"小波说："您是紫金君尚的业主就好办了。最近，公司正在针对您所在的小区以及周围的小区举办团购活动，二十户成团，可以享受团购价，180元每块。现在已经有了十八户，很快就要成团了，您可以先交意向定金，即使最终不成团也可以退费的，您没有任何损失。"

小波为客户消除了后顾之忧，客户痛快地交了一些定金，果不其然，一周后成团，客户马上就来缴纳了瓷砖的款项。就这样，小波轻松地完成了一笔订单。

在这个销售案例中，小波之所以能成功地签单，是因为他很善于把握时机。在客户刚刚走入店铺里时，小波知道客户还没有做好准备，因而继续打扫卫生，尊重客户，给客户更多的时间去自由地了解瓷砖产品。等到客户求助于他的时候，他才借机赞美客户眼光犀利，这样的赞美十分自然，会对客户起到更好的效果。后来，客户觉得价格贵，小波又在询问客户居住的小区后，赞美小区非常高档，

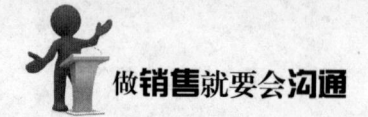

居住的人群素质很高，再次恰到好处地赞美客户，因而起到了非常好的效果。正是因为如此接二连三把握时机的赞美，小波才打动了客户的心，也为接下来的销售工作奠定了良好的基础。

赞美客户一定要把握合适的时机，否则不合时宜的赞美，很容易让客户陷入被动的状态，也导致客户对销售员心生反感，甚至开始厌恶销售员。总而言之，在销售过程中，销售员对于赞美客户一定要更加用心和慎重，而不要觉得所谓赞美就是随随便便对客户说几句好话。真正能够打动客户的赞美，一定是真诚的赞美，也是能够让客户心动的赞美。

如果销售员还不能掌握赞美客户的真谛，就要遵循上述原则。当然，这些原则都是大的框架和主要的注意点，掌握这些原则，只能让赞美不过分偏离，也基本符合赞美的要求。如果销售员对于自己的要求更高，要想让赞美更细致，效果更好，就要在掌握这些基本原则的基础上，更加用心体察客户，这样才能给予客户良好的消费体验，有效促进交易的达成。总而言之，赞美是销售员与客户之间的润滑剂，特别是当销售员面对陌生的客户不知道该说些什么时，真诚地赞美客户无疑是很好的选择。但是也需要注意，不要一上来就去赞美客户，而要先寒暄，进行感情的联络和铺垫。否则，突兀的赞美往往让客户很难接受，也会心生反感。要想把赞美的技巧运用得出神入化，销售员就要在与客户相处的过程中多多用心，细心揣摩。所谓熟能生巧，当销售员无数次赞美客户，也亲眼看到很多客户对于相同或者不同赞美的反应，就能够领悟到赞美的真谛，也能成功地打动客户的心。

>>> 第三章
善于倾听：会做不如会说，会说不如会听

真正的交流和沟通，应该从哪里做起？很多人对此都存在错误的认知，觉得第一步一定要滔滔不绝，口若悬河，才能起到良好的效果，也才是好的开始。实际上，真正的交流和沟通的基础不是倾诉，而是倾听。真正合格的销售员，一定是会倾听的销售员；真正优秀的销售员，一定是善于倾听的销售员。所谓会做不如会说，会说不如会听，销售员唯有真正懂得且善于倾听，才能打动客户的心，也真正打开客户的心扉，赢得客户的认可与尊重。

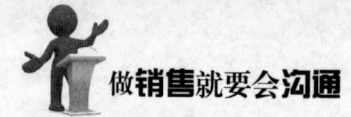
做销售就要会沟通

1. 倾听就是一种尊重

面对陌生的客户，如果销售员迫不及待地开始诉说，往往导致销售失败。每个销售员都要与时俱进，现代社会产品极为丰富，销售员不应该只是简单地介绍产品，向客户推销，否则一旦客户感到厌烦，他们既可以选择其他的产品，也可以选择与其他的销售员合作。最重要的是，销售员一定要善于倾听，因为倾听是销售中至关重要的一个环节。与其不停地说，不如更加用心地倾听。只有以倾听打开客户的心扉，赢得客户的认可与尊重，销售员才有成交的可能。

在陌生的人际关系中，或者是在人际关系刚刚建立的阶段，倾听是非常重要的。尤其是作为销售员，目的当然是向客户推销产品，达成交易，仅从粗浅的表层来理解，如果销售员不能通过倾听来理解客户的内心，又如何能够表达对客户的尊重呢！如今的客户消费理念都很先进，他们决定购买一件产品之前，不仅关心产品的质量，也很在乎推销产品的销售员能否给自己带来良好的消费体验，还在乎消费之后能否得到良好的售后。所以说，销售员所从事的是售前和售中的工作，对于整个销售进程而言是很重要的。为了让销售工作顺利进展下去，销售员必须更加认真用心地倾听客户，在倾听的过程中捕捉到更多的信息，这样才有助于销售工作顺利展开。

倾听除了能够帮助销售员了解更多的有效信息之外，还可以帮助销售员表达对客户的尊重。对于一个一见面就对客户滔滔不绝、口若悬河的销售员，客户很难喜欢。因而要想成为合格且优秀的销售员，就一定要学会倾听。第一印象是很重要的，往往决定着销售员和客户后续的关系，认真倾听能让客户感受到尊重，也会让客户给予销售员以尊重。人际关系总是相互的，既相辅相成，也相互作用，对于销售员而言，当他们以真诚和友善的态度对待客户，便会得到客户同样的对待。

你也许很难想象一个听力有障碍的人居然能成为销售员，但事实恰恰如此，乔治不但是一名销售员，而且还把销售工作做得风生水起，取得了很好的销售业绩。对于乔治而言，正因为他无法听清楚别人在说什么，所以他每次与他人进行交流的时候，不得不身体前倾，目不转睛看着别人的眼睛、嘴巴等，因为他要根据口型来判断别人的意思。殊不知，这正是认真倾听的表现。为此，很多客户对乔治印象非常好，也真切感受到了乔治对他们的尊重。

有段时间，公司里一个经验丰富的销售员正在与一个大客户接洽。没想到的是，这个销售员做了大量工作，都始终无法成功地完成销售。后来，老板把这个项目交给乔治，让乔治与客户接洽。乔治是非常有韧性的，即使被客户拒绝，也依然勇往直前，坚持不懈，最终，在拜访客户十几次之后，乔治终于成功地打动客户，与客户达成交易。

后来，乔治戴上了助听器，继续负责客户的后续工作。然而，在戴上助听器之后，乔治在与客户交谈时，每当听到其他动静，都会马上转头观察周围的情况。这让客户很不高兴。客户对乔治说："乔治，还是摘下助听器吧，虽然我知道你在认真听我说话，但是我真的很不习惯你左顾右盼的样子。"乔治哈哈大笑，当即摘掉助听器，继续以认真专注的姿态与客户交流。

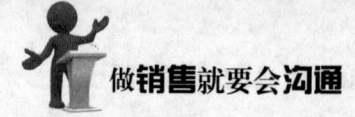

原来，这个大客户之所以能够认可乔治，是因为在十几次的沟通之中，乔治始终都保持着身体前倾、目不转睛的姿态与客户交谈。虽然乔治是因为听不清楚，所以才对客户特别关注，但是这恰恰给客户留下了深刻的好印象。后来，乔治戴上助听器，继续跟进客户，却因为与客户交流中不像之前那么专心，而让客户很不适应。在这种情况下，客户主动要求乔治摘掉助听器。这个事例生动地说明了倾听的重要作用，所以作为销售人员，一定要学会倾听客户，才能给予客户最好的有效回馈。

销售员一定要记住，自己不是冷冰冰的说明书，更不是毫无感情的售卖机。一个合格的销售员要有温度，要用心意，这样才能更好地给客户提供服务，也才能进行有温度的销售。真正优秀的销售员不会对客户抱有急功近利的心理，而是会认真、耐心、细致地为客户服务，也竭尽所能倾听客户。当他们与客户之间沟通更顺畅，也拥有更多的默契，他们就会与客户之间碰撞出火花，彼此之间也会增进感情，加深了解，从而愉快合作。

当然，倾听也是有技巧的。一味地听，或者销售员只按照自己的思路去主宰谈话的过程，都不是好的选择。对于销售员而言，在最初与客户沟通时，不如把主动权交给客户，这样才能让客户发挥主观能动性，也谈兴浓郁，从而在沟通中传达更多关于自己的信息。当更加深入细致地了解客户，销售员才有更多机会走入客户的内心，使销售工作做到打动客户的心。

2. 倾听顾客的需求和心声

在意识到倾听的重要作用后，很多销售员都能做到尽量引导和启发客户多多倾诉，因为在深入了解客户需求的基础上，销售员才能把客户最想要得到的产品推荐给客户，也才能快速提升销售效率。实际上，当客户真的全心全意在倾诉，只有很少的销售员能够做到丝毫不干扰客户。每当客户说出的话不符合他们的预期，或者客户对于产品的评价不正确，很多销售员都会忍不住要纠正客户的错误观念，为此常常毫无征兆地打断客户的话。实际上，这是错误的行为。首先，销售员突然打断客户的表达，客户会觉得很突兀，也会感觉自己没有得到应有的尊重。其次，当销售员打断客户的表达，客户说话的思路也会终止，甚至原本设想好的倾诉也会虎头蛇尾，仓促结束。还有些客户因此而厌恶销售员，根本就没有兴趣与销售员继续交流。

在特定的领域中，销售员一定是内行的，而客户则是相对外行的。销售员既不要因此高估自己，也不要因此而贬低客户。归根结底，客户之所以想得到销售员的专业推荐，就是因为觉得销售员更内行。如果销售员不能给予客户合理的建议，还有什么存在的必要呢！但是销售员不能因此而沾沾自喜，觉得自己比客户更高明，或者在客户面前占据优势。不管何时，销售员都要尊重客户，也要记住自己的作用是引导客户，给予客户合理建议，而不是一味地对客户居高临下。否

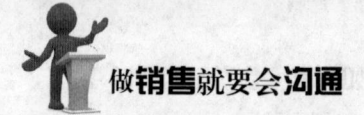

则,销售员就会惹恼客户,也会导致接下来的销售工作进展艰难。

还有些销售员为了了解客户的需求,会像审问犯人一样审问客户,要求客户对自己有问必答。不得不说,这又进入另一个误区,因为很多有效的、有价值的信息交流,并不是在销售员与客户的你问我答中实现的,而是在销售员与客户放松的沟通中实现的。当销售员能够放轻松与客户之间进行亲切随意地交谈,营造愉悦的氛围,那么销售员就能够与客户拉近关系,也让交流更加深入和有效。总而言之,销售员唯有掌握了客户内心深处的秘密,洞察客户深层次的需求,才能满足客户需求,把控好销售的整个过程。

作为一名销售大师,刘峰从最初全心全意从事销售工作,到后来成为公司里的顶级销售精英,因而开始兼职做起培训销售员的工作。在无数次对新入职的销售员和有一定经验的销售员进行培训的过程中,刘峰始终都在强调一个重要的原则,那就是在没有真正弄清楚客户的需求之前,千万不要急于向客户推销产品。

有很多学员在听到这个让他们感到匪夷所思的原则后,都会纳闷地说:"不向客户推销产品,那么要做什么呢?"刘峰的回答很简单——倾听。那么问题又来了,有的学员问:"如果客户不愿意倾诉呢?还有什么可听的,岂不是就陷入冷场了吗?"刘峰依然气定神闲:"那就提问,抛砖引玉,总是会的吧!"总而言之,刘峰始终秉承的销售原则和理念就是,要认真倾听客户,直到客户准确清晰地说出自己的需求为止,否则就不要对着客户滔滔不绝,这只是白费口舌。

作为销售大师,刘峰为何会有这样的感触呢?因为倾听才是了解客户需求最直接有效的方式。放着客户倾听的大好机会不去利用,而是要等到客户不愿意说的时候,再费尽心思地去猜测客户的心思,洞察客户的需求,这岂不是本末倒置吗？所以，明智的销售员不会错过最初与客户接触的重要阶段，因为在这个时间段里，客户最愿意主动倾诉自己的需求。虽然有些客户沉默寡言，不善于主动倾诉，但只要销售员抛砖引玉，提出适当的问题对客户进行引导，客户也是很愿意表达和倾诉的。

最关键在于，销售员要形成正确的观念，要有意识地引导客户进行倾诉。在客户的倾诉中，如果销售员始终扮演好倾听的角色，真诚用心地倾听客户的表达，就能推动交流顺利进行下去。很多销售员都觉得倾听是很简单的事情，觉得只要付出耳朵，就能在销售工作中起到预期的效果。其实不然。倾听是销售工作展开的第一步，对于销售员而言，倾听的力度把握，关系到销售工作的成败。所以每个销售员都要重视倾听，这样才能在销售工作的过程中效率倍增，进展迅速。

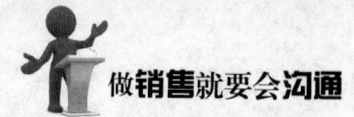

3. 领会顾客的每一句话

倾听，要听到客户心中花开的声音，否则就是流于形式，也无法捕捉到更多有效的信息。经验丰富的销售员并不会对着客户滔滔不绝，反而是很多新入行的销售员在经过简单的培训之后，俨然以业内行家的身份出现在客户面前，殊不知，这样的心态是很糟糕的，也会给销售工作的开展带来致命的打击。

曾经有销售精英在传授销售经验的时候说，能否认真地倾听客户，往往决定了销售的结果。这句话很有道理，这也给每个销售人员都敲响警钟：千万不要自以为是，而要认真用心地倾听客户，更要真正理解客户每句话的意思，听到客户心中花开花落的声音。真正优秀的销售员，绝不是一见到客户就滔滔不绝，说起话没完没了的。相反，他们更善于用耳朵去倾听客户，而不会过度地使用嘴巴。要知道，上帝之所以让人长出两只耳朵和一只嘴巴，目的就是让人一定要多倾听，少说话，这样才能在倾听的基础上把话说到点子上，也才能真正打开客户的心扉，走入客户的内心。

领会客户的每一句话，听起来很容易做到，实际上很难。这绝不是认真倾听就可以的，还要深入了解客户的需求和心理状态，甚至还要了解客户的情感状态。中国文字博大精深，仅仅以字面来理解，是无法领会到他人深意的，还要结合他人的脾气秉性、做事情的初衷、想要达到的目的，以及事情发展的实际状况等各种因素，才能更深入地洞察客户的内心，了解客户言外的深意。总而言之，销售人员都要懂得一些心理学知识，才能通过客户的言行举止，了解客户的内在心理和情绪情感状态。

人心，也许是这个世界上最复杂的所在，别说不了解别人的心意，就算是对自己的内心也总是雾里看花，看不真切。正如人们常说的，每个人最熟悉的陌生人就是自己，那么想要了解最陌生的陌生人——客户，可想而知有多么艰难。对于销售人员而言，每一个客户都是挑战，都是需要用尽最大的努力去战胜和征服的。与其说销售员是在销售产品给客户，不如说销售员与客户之间正在进行一场心理博弈，情势瞬息万变。

作为一家汽车公司的销售人员，朋克进入公司没多久，才刚刚参加完公司组织的新人集训活动。原本，经理不让朋克急于接待客户，但是朋克却跃跃欲试，很像是一个人学会了某项技能，想要马上施展一下一样。星期一早晨，因为大多数同事在度过忙碌的周末之后，都选择休息，所以门店里只有几个人上班，朋克也是其一。

中午时分，店里来了一个客户，这个时候其他同事都在吃午饭或者在工位上午休，只有朋克在店门口附近。为此，朋克赶紧迎上前去，问客户："您好，请问您有什么需要？"客户显然对有礼貌的朋克印象不错，因而笑着回答朋克："我想买一辆家庭用车。"朋克马上滔滔不绝地开始为客户推荐："我们店里有好几款车都适合作为家庭用车。例如这款SUV，空间大，还省油，最重要的是安全系数还很高。如今很多SUV都是七座的，我们依然是传统的五座，这样避免了浪费。我建议您不要买七座的，现在谁家里还有那么多人啊，除非是商务用车，偶尔用来搭载客户还可以。否则，一家只有一个孩子，三口人，五座足以……"

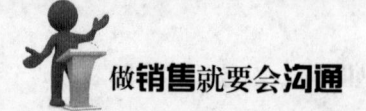

朋克的话还没说完，客户就问："小伙子，今天只有你一个人上班吗？"朋克不知所措地愣在那里，正巧此时销售经理走了过来，客户赶紧向销售经理招手，说："年轻人，我想买辆车，你可以给我介绍下吗？"朋克看到客户直截了当地拒绝了他，简直崩溃，却不知道问题出在哪里，沮丧地离开了。

等到销售经理接待完客户，朋克忍不住问销售经理："经理，我到底哪里做错了，您知道吗？"销售经理生气地批评朋克："你还好意思表示无辜，你到底参加没参加新人培训啊，这才几天就把培训内容忘到爪哇国去了。你倾听客户了吗？你知道客户家里有几口人吗？你就向人家推销五座的家庭用车，还捡着便宜的推销，你知道人家想买哪种档次的家庭用车吗？"朋克被销售经理问得哑口无言。销售经理说："从现在开始，每天进行五次模拟接待客户的训练，什么时候合格了什么时候再上岗。"

经理一连串的问题让朋克哑口无言，朋克才意识到自己在接待客户方面犯下的严重错误。的确，他只是听到客户说要购买家庭用车，就马上滔滔不绝地开始为客户推荐家庭用车，至于客户要买什么价位的汽车、家里有几口人等关键问题，朋克根本连想也没想，甚至也没有给客户机会说。难怪客户拒绝了朋克的服务。

作为一名销售人员，一定要第一时间了解客户的需求，并用心倾听客户的每一句话、每一个字。朋克虽然听到客户说要购买家庭用车，却丝毫没有深入了解客户的需求，置客户的需求于不顾，马上就以滔滔不绝的推荐开始对待客户，因此招致客户的反感。销售人员只有了解客户，才能知道客户的需求，也才能洞察客户的内心，这一点是毋庸置疑的。所以，优秀的销售员不但要让自己成为专业人士指导客户，更要把自己当成是解决问题的人，先发掘客户面对的难题，再有针对性地为客户解决问题，销售工作才能水到渠成。很多人都曾经听说过《盲人摸象》的故事，有的说大象是圆柱形的，有的说大象是扇形的，有的说大象是细长形的，盲人之所以把大象描述成各种千奇百怪的样子，就是因为他们没有看到大象的完整形状，触摸大象的时候，也只是触摸大象的某一个部位。在这种情况下，他们当然不知道真正的大象是什么样子的。作为销售人员，如果在了解客户需求的时候不能做到完整详尽，那么他们无法真正了解客户的需求，自然也就不可能为客户解决问题，更不可能满足客户的需求。由此可见，认真倾听客户的话，领会客户每一句话的意思，对于销售员而言是至关重要的。

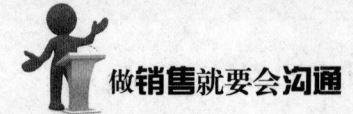

4. 认真聆听顾客的抱怨

生活不如意之事十之八九，很多人都会有困惑，也难免会产生各种各样的抱怨。尤其是在销售行业，销售人员除了要给客户提供良好的服务之外，更要学会聆听客户的抱怨，这是因为客户不但会把在日常生活中的抱怨告诉销售员，也会把对产品的不满意之处讲述给销售员听，尤其是在进入售后环节之后，客户更是会对售后感到不满意。在这种情况下，销售员要如何对待客户的抱怨呢？

首先，对于客户对生活的抱怨，销售员要调整好心态，把这种抱怨当成是客户对自己的信任，从而心平气和，就像和朋友聊天一样，接纳客户对于生活不满的倾诉，也尽量避免影响自己的心情。因为大多数客户不会希望从销售员那里得到切实解决问题的方案，而更多的只是一种情绪的发泄。

其次，客户是在购买行为发生之前抱怨产品，那么销售员就要引起警惕了，因为这意味着销售工作进展到至关重要的一步。常言道，嫌货才是买货人。销售人员一定要记住，当客户对产品提出各种不满意，这正是考验销售人员耐心的时候，也是黎明前的黑暗——成交前的关键时刻。

作为一家淘宝店铺的客服，才工作三个月就深切意识到"客户虐我千百遍，我待客户如初恋"的服务信条。记得初入公司时，小敏还因为这句夸张的标语而暗自好笑呢：客户就是客户，被客户虐了，怎么还能把客户当成初恋一样甜蜜心动呢？

然而，在工作的过程中，小敏亲身见识到各种各样的客户，例如有的客户很痛快，甚至连问也不问就下单了。有的客户却恰恰相反，恨不得买根针也要问上一两个小时。有一次，有个客户想买一条亚麻的长裤，为此盯着小敏问了很久。从裤子的质地、款式，到裤子的价格、厚薄，再到裤子适合穿的季节，以及会不会透等问题。一切都问完之后，小敏以为客户要下单了，没想到客户突然消失，杳无音信，到了次日继续来撩小敏："我觉得裤子有点儿短了，我是想搭配高跟鞋穿的，如果更长一些，盖住鞋跟，是不是更好看？"对于这样的疑问，小敏真的很无语，因为裤子的长短并不是她能决定的，而且觉得短了，就应该选择其他款式啊。为此，小敏默默地发了一条裙裤的链接给客户。没想到，客户当即说："我是想买九分裤啊，你怎么给我发裙裤，裙裤太肥大。对了，刚才那条裤子，你觉得会不会有些太薄了呢？又是白色，如果太透了怎么办？"小敏已经忍不住要发脾气了，但还是忍住火气："虽然是白色，但是质地是亚麻的，亚麻都不会太透的哦！"大概又回答了客户十几个问题，客户终于下了订单。

越是在下定决心购买之前，客户的问题往往越多，正所谓"近乡情怯"，客户要真正购买了，内心的情绪状态也是很复杂的，所以才会如此纠结。作为销售人员，当然会觉得心烦，但是作为客户，因为网络购物原本就看不见摸不着，所以多问几遍，更慎重一些，也是理所应当的。从另一个角度而言，客户问得多，对销售人员提出各种问题，从某种意义上也代表着他们对于销售人员的信任。当他们对于某个细节感到不满时，也许销售人员的一句话就能给予他们很大的安慰，也让他们找到说服自己的理由。从这个角度来说，销售人员对于客户事无巨细的

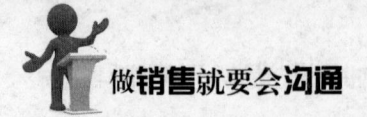

提问应该感到高兴,因为这的确有利于推动销售工作的进展。

除了要解答客户对于产品的疑惑之外,销售人员还要更加理性地对待客户的抱怨。如今,客户对于服务水平的要求都很高,所以销售人员不仅是在销售产品,也是在销售公司的理念以及强大的服务。但对于客户的任何抱怨,销售人员都要认真倾听,对于客户的售后需求,销售人员也要第一时间安排相关人员处理和解决,或者亲力亲为为客户打消后顾之忧。企业要想实现可持续性发展,就要注重对客户的售后服务,销售人员要想在客户中建立良好的口碑,就要始终如一地对已经完成销售的客户服务。唯有以真诚和用心满足客户的一切需求,销售工作才能真正得到满分。对于销售人员,最可怕的不是客户的抱怨,而是客户终有一日根本不愿意抱怨,这才是最糟糕的。

5. 保持你的专心致志

在用心倾听客户的时候，销售人员一定要认真专心，绝不分心。众所周知，销售工作是各种因素综合作用的结果，销售人员也必须面面俱到，才能最大限度地激发出客户的购买欲望，也才能真正完成销售过程。古人云，牵一发而动全身。其实销售工作就是如此。很多销售人员误以为销售就是销售，无关乎其他，其实完全错误。销售关乎很多细节和意外的因素，所以销售人员要有针对性地提升自己各个方面的能力，才能最大限度地发挥自身的潜能，促进销售的达成。

前文已经说过，倾听是开展销售工作的前提和基础。如果没有倾听，销售员就无法深入了解客户的需求，更不可能对客户有针对性地展开销售工作。那么，既然要领会客户每一句话的意思，也要知道客户的言外之意，销售人员就要在聆听客户的时候摒弃各种影响和干扰自己的念头，专心致志对待客户。在此基础上，销售员才能洞察客户的内心，了解客户的各种小细节，做到对客户认真负责。

当然，有些销售员自身能力比较强，人际沟通水平也很高，所以他们能得到客户的认可和赏识，这样销售工作的展开也比较顺利。有些销售员则因为自身能力的局限，所以在面对客户的时候常常不相信，也会因为紧张而在客户面前不知道该如何开口。在这种情况下，销售员如何做到对于客户的问题应答自如呢，又如何在交流过程中起到主导作用，积极地引导客户解决问题呢？除了提升和完善

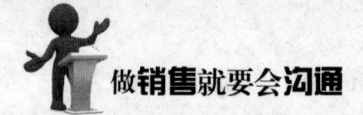

自身的能力之外，销售员必须专心致志地倾听客户。古人云，知己知彼，百战不殆。对于销售员而言，倾听了解客户也是必需的。

作为大名鼎鼎的汽车销售员，乔·吉拉德创造了很多销售方面的奇迹。然而，乔并不具有销售天赋，可以说，他的成功也是一步一个脚印，辛勤努力才得到的。

有一次，乔接待了一位前来购买汽车的客户。他已经跟访这个客户很久了，直到现在，客户才接受他，也才愿意从他这里购买汽车。整个下午，他都与客户相谈甚欢，客户决定和乔一起去财务室里交钱。乔如释重负，当即松懈下来。在离开会议室之前，客户对乔说："我的儿子非常优秀，马上就要大学毕业参加工作了……"也许是因为激动和欣喜，也许是因为忙碌，所以乔没有对客户的这句话做出回应。很快，就发生了让他不能理解的事情，因为客户突然改变主意，不想去交钱了。乔百思不得其解，不知道问题出在哪里，不知道为何进展到最后一步，客户却突然改变主意。

直到很久之后，在乔的不懈努力之下，客户终于再次决定从乔这里购买汽车，乔才知道客户突然改变主意的原因。原来，只是因为乔没有对客户夸赞儿子的话做出回应，所以客户的态度才有了一百八十度大转弯，再也不想从乔这里买车了。从此之后，乔在与客户交谈的时候再不分心，哪怕客户下一秒就要去交钱了，他也会认真地倾听客户的每一句话，给客户最及时的回应和最好的交流体验。正因为如此，乔在销售方面才有了突飞猛进的发展，也获得了伟大的成就。

因为忽略了客户的一句话，所以乔眼看着已经要成交的客户，突然间改变心意，不愿意继续成交了。乔后来才知道客户是因为夸赞儿子的话没有得到他的重视，所以才会突然改变主意，不愿意继续成交。每一个销售人员，在与客户交流的时候一定要专心致志,哪怕知道客户接下来要去交钱,也要保持淡定,这样才能调整好心态,全心全意倾听客户。否则,一旦错过了哪一句客户最重视的话,也许结果就会截然不同。

当然,销售员也是人,而不是神仙,更不可能对于客户始终面面俱到。要想成为优秀的销售员,最重要的是努力提升自己,尽量让自己做到最好。当遇到客户的否定和批评时,一定不要在第一时间表示排斥和抗拒,最重要的是认真倾听客户的意见,积极主动地反思自己,这样才能不断地提升和完善自我,也才能在销售工作中有巨大的改变。作为销售人员,永远不要因为错过一句话而错过一单生意,也许你已经对客户付出了很多,唯一欠缺的就是对客户的全心全意和专心致志。

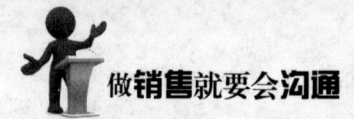
做销售就要会沟通

6. 销售圣经：成为合格倾听者的技巧

　　人人都以为自己会倾听，误以为倾听是这个世界上最简单的事情，因为什么也不用做，只需要付出耳朵就好。实际上，他们根本不知道何为真正的倾听，更不知道到底要怎么做，才能成为合格的倾听者。

　　看到这里，相信大多数人都意识到倾听对于开展销售工作的重要性，也真正认识到必须主动倾听、认真用心地倾听，才能成为合格的倾听者。其实，如果能够掌握倾听的技巧，销售者就能更好地倾听客户，也让倾听起到预期的效果。

　　很多人错误地认为，销售员必须口若悬河、巧舌如簧，才能以滔滔不绝的话语征服那些刻意刁难的客户。殊不知，事实并非如此，很多情况下，说得多不如说得少，说得少不如说得精。所谓好钢要用在刀刃上，每个销售员都要把自己的力量发挥在最合适的地方，才能让力量的效果成倍增长。尤其是在与陌生客户沟通时，明智的销售员会更加注重让客户表达，才能在倾听的过程中更了解客户的意图和需求，也为合理满足客户奠定基础。

　　那么，具体而言，在与客户相处的过程中，要掌握哪些倾听的技巧，从而促进倾听呢？首先，当销售员与客户发生矛盾或者争执时，要尽量设身处地为客户着想，这样才能站在客户的角度思考问题，理解客户，从而做到尊重客户，为客户解决难题。这样的销售员，才是有温度的销售员，也才是客户真正需要的。

其次，在倾听客户的过程中，回应要适度，而且方式要灵活。很多销售员误以为回应客户一定要以语言打断客户的倾诉，从而发表自己的见解和看法，其实这种做法是完全错误的。回应客户除了使用语言之外，还可以使用眼神，也可以以点头等示意。这样既不用打断客户的倾诉，也不用过多地干扰客户的思路，又能表达对于客户的回应，一举多得。

最后，在倾听客户的过程中，还要适时地沉默。有的时候，沉默比过多地表达能起到更好的效果。在人际交往中，说话就像出拳，谁先说话，谁就相当于先出拳，而对于过招的双方而言，先出拳的人更容易暴露弱点，被对方抓住漏洞。从这个角度而言，销售人员的沉默实际上保护了自己，也是以退为进的好方式。当然，如果交谈陷入僵局，作为销售人员，还是应该学会适宜的方法，适度地打破沉默，调整好交流氛围，这样才能让销售工作顺利进展下去。

海澜在商场的服装专柜工作，是一名销售员。有一天，来了一位女士看新款的时装，海澜赶紧上前服务："您好，请问您有什么需要吗？"女士看了看海澜，笑了笑。海澜介绍说："这个区域都是我们最新款的时装。"女士似乎对一款职业套装很感兴趣，海澜说："如果您喜欢，可以去试衣间试一试。衣服要穿在身上看，才会更有效果。请问您需要多大码？"女士说了自己的尺码，海澜马上找出合适的套装给女士试穿。这款套装非常符合女士的气质，衬托得女士形象非常好，职业范十足，而且具有时尚感。海澜对女士说："这套衣服就像是为您量身定制的一样，非常得体，又很时尚，不像传统的套装给人很刻板的感觉。"女士看起来很喜欢这套衣服，脸上洋溢着笑容，问："这套衣服多少钱？"海澜回答："1980元。这款套装含有羊毛成份，质感非常好。"女士眼睛里的光黯淡下来，说："好的。"说完，女士回到试衣间换下衣服，问海澜："有没有性价比更高

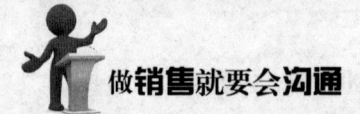

的？我是买着当工作服穿的，不需要这么好的。"海澜说："您当工作服穿，其实一周要穿五天，而且代表您的职业形象，还是需要买质地好一些的。您如果喜欢，我可以帮您申请打折，这款套装真的非常适合您。"

听到海澜主动提起打折的事情，女士当即问道："能打几折呢？这款衣服的价格超出了我的预期"。海澜确定女士不是因为衣服太好才不买，而是觉得衣服贵，所以对女士说："女士，我的权限只能给您打九折，我现在就打电话和经理申请，尽量给您申请更大的优惠。穿着这样一款质地高档、款式新颖的时装，相信您工作的时候心情也会美美哒！"海澜当着女士的面给经理打电话，很努力地把折扣申请到八折。女士很高兴，说："虽然八折也比我的预期贵出很多，不过你这么为我努力了，我应该把它当成礼物送给自己。"就这样，海澜从女士"不需要这么好的工作服"的话里听出话外之音，意识到女士不是嫌弃衣服好，而是嫌弃衣服贵，从而又主动提出为女士申请打折，成功地促使女士下定决心购买。

俗话说，锣鼓听声，听话听音。作为销售人员，与客户沟通是每天都要做好的工作。要想通过倾听洞察客户的内心，就一定要保持良好的倾听状态，也要掌握倾听的技巧，这样才能提升倾听的水平，在了解客户的基础上不断增强销售能力。很多客户因为碍于面子而不好意思说出真实意见，这种情况下，更需要销售员通过倾听洞察客户的真实心意，主动帮助客户解决难题。

第四章
说话专业：先做行家，再做卖家

相比客户，销售员一定是自己所销售产品的行家，这样才能有效地给客户以引导，帮助客户普及产品的基本知识。反之，如果销售员对于自己所销售产品的了解还没有客户多，难免会在客户面前囧态百出，也没有任何客户愿意与一个丝毫不了解产品的销售员成交。因而，对于每一个销售员而言，都必须先做行家，再做卖家，才能让销售工作水到渠成，有所收获。

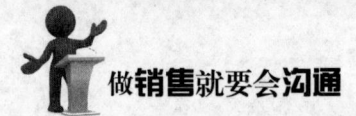

1. 销售员必须说专业的话

对于销售员而言，除了要掌握很多销售技巧，恰到好处地与客户寒暄、拉近关系，顺利展开交流之外，最重要的也是实质性的工作，就是对客户介绍产品。在这个环节，销售员必须注意到，不能为了迎合客户，而说些通俗易懂的话，而是要适度地以专业的语言，为客户介绍产品。当专业水平有所提升，销售员给客户的感觉马上就会变得高大上。在这种情况下，销售员当然可以给客户带来更好的消费体验，也有利于帮助销售员赢得客户的信任。

当然，凡事皆有度，过犹不及。如果销售员总是说些让客户感到艰涩难懂的话，无益于拉近与客户之间的关系，促进交易。所以销售员一定要把握好展示专业的度和时机，这样才能更有针对性。

除了以专业的话介绍产品之外，销售员还要以专业的态度为客户服务。和以专业的话介绍产品相比，专业的服务还包括很多软实力，也就是介绍的时候要声情并茂，要富有激情和感染力，要有节奏感，也要吐字清晰，语言精练。看起来，这些要求都很简单，实际上做到很难。有些专业演讲者，也许只是基本达到了这样的要求，要想真正做到这些要求，还有很大的提升空间。

从某种意义上而言，这些声音的软实力，甚至比介绍的产品特点和性能更加重要。因为声情并茂的演说，更容易打动客户，也更有利于促成成交。在销售的

第四章 说话专业：先做行家，再做卖家

过程中，假如销售员能够做到这一点，那么对于客户的把握能力就会很强，也能打动客户的心，让客户心动。现实生活中，声音的感染力是很强的。很多人都看过电视购物，也会觉得电视购物的导购员们说起话来往往声调夸张，给人带来亢奋和紧张感。实际上，这恰恰是电视销售的特点。

电视购物中，客户原本就看不到实实在在的商品，更不可能与销售员进行面对面的沟通，因此，销售员对于客户的感染力会减弱。那么电视销售的销售员，就要更加充满热情，话语也要更富于煽动力。这样才能尽量感染客户，也让客户心动。

有一家规模很大的酒店要为全体服务员订购冬天穿的工作服，得到消息后，很多专门生产工作服的厂家蜂拥而至，找到负责此事的行政主管张主管沟通，想争取得到这个大订单。然而，张主管在与很多销售员沟通之后，总觉得哪里有所欠缺，因而始终没有敲定此事。

一个周末，一家小厂的负责人张薇带着样品来到酒店，想方设法见到了张主管。张主管也没有抱太大的希望，觉得这些小厂全都是以利益为主，对于产品的质量和工厂的口碑没有太多的关注。为此，张主管漫不经心地询问张薇："您好，请介绍一下您的产品。"原本，张主管以为听到的又会是陈词滥调，没想到他还没来得及抬头，就听到了一个声情并茂的声音："我们的产品与众不同，我可以保证我们的产品和每一家产品都不同。首先，我们的产品是全棉质地的；其次，为了保证舒适干爽，以及给客户带来更好的肌肤体验，我们的产品中加入了昂贵的麻原料。众所周知，麻给人带来的肌肤感觉是干爽、不黏腻，所以当服务员穿上我们生产的工作服，整个心情都会变得好起来。干活的时候，即使觉得热了，流汗了，也不会感到衣服贴在皮肤上。不得不说，这样的感觉是与众不同的，会

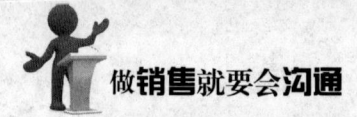

比服务员曾经穿过的任何工作服都还要好。我是工厂的创始人，我本人就很喜欢棉麻的衣服，比如我现在身上穿的这一件就是全麻的，低调温和，给人以亲切自然的感受。咱们的酒店也是古朴的风格，再搭配上棉麻质地的工作服，相信客户看到之后也会有不同的感受。当然，如果以后酒店要更换床单被褥，也可以和我们合作。如果一个客户躺在棉麻的被褥中感受到家的温暖，下一次，他们一定还会不请自来……"

张薇的这番话说得热情洋溢，条理清晰，最重要的是肌肤感染力。就连原本对于棉麻没有什么好感的张主管，至此也对棉麻产生了强烈的好奇心。在这样的状态下，张主管对张薇印象深刻，在与张薇经过几次沟通，并且确定价格后，张主管几乎毫不迟疑地选择了与张薇签单。

张薇哪里取胜了？首先，她对于产品的介绍很专业，也向张主管阐述了为何要在传统全棉的基础上加入麻的元素。其次，她热情洋溢，能够以热情感染张主管，博得张主管的认可和赏识，也让张主管马上把她与那些普通的推销者区别开来。最后，张薇给酒店提出了合理性的建议，为自己与酒店更进一步合作奠定了基础，也让张主管对于棉麻产生了强烈的好奇心，恨不得马上就能亲自感受一下棉麻的魅力。最终，张薇获得了成功，因为她已经用棉麻打动了张主管的心。

很多销售员只把销售工作当成一份普通的工作，抱着当一天和尚撞一天钟的想法，从来没有把销售工作放在心上，用心去经营，拼尽全力去对待。其实，销售工作固然是普通的工作，但是与普通的工作又有很大的不同。普通的工作，如行政工作、财务工作，也许更需要从业人员认真细致和严谨，但是销售工作是需要热情才能点燃的。如果没有热情，没有激情，就不能把销售工作做好，更不能把销售工作做得风生水起。对于客户而言，同样是回答，同样都能对他们起到答疑解惑的作用，从本质上而言却有很大的不同，带给他们的感受也是截然不同的。

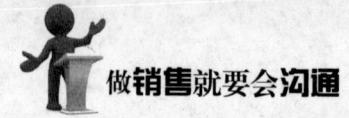

2. 销售人员应该是个产品行家

给客户介绍产品的时候，销售人员一定要站在专业的高度，给客户切实有效的建议和指导。否则，如果销售人员本身对于自己的产品就缺乏了解，对客户介绍产品的时候含糊其词，就无法赢得客户的信任，更无法完成客户的托付。在这种情况下，明智的客户是不会信任销售人员，更不会在销售人员的手中达成交易。

在去医院看病的时候，人人都想挂上专家号，从而找一个无论是专业能力还是经验都更胜一筹的人给自己诊治，这样一来，一则可以手到病除，二则可以避免因为医生能力不足而贻误病情。虽然说医者仁心，医生的职业道德要求他们要为客户更好地服务，但是选择合适的医生也是很重要的，因为不可能所有的医生都保持同样的水平。其实，客户在选择销售员的时候，同样是有问题需要销售员解决。缺乏经验的销售员无法给予客户更好的对待，因为他们不懂得沟通，无法抓住客户的内心需求，而且还不了解产品，遇到这样的销售员就相当于遇到了庸医，很难卓有成效地帮助客户解决问题，更不能在最短的时间内满足客户的需求。因而明智的客户希望自己遇到一位经验丰富、能力水平都很高的销售员，这样他们才能安心、省心地解决问题。

很多销售员觉得为客户服务，就是要把产品介绍给客户。如果想得到没有温度的解说，客户完全可以自己阅读产品说明书。要想成功打动客户的心，销售员就要扮演起最权威的专家的角色出现在客户面前。通常情况下，人们对于自己不熟悉和不了解的领域会怀有敬畏之心。因而当销售员以专家的身份、以权威的语言，向客户介绍自己的产品时，客户一定会有别样的感觉。

此外还要注意的是，承担起产品的权威专家的责任，不但要说出一些专业术语，深入浅出地为客户答疑解惑，还要对于产品的了解更加深入和透彻。毋庸置疑，对于自己不熟悉的产品，销售员根本不能流畅地进行介绍，只有对自己烂熟于心的产品，销售员才能对答如流。销售员要想征服客户，就要在专业领域内提升自己，让自己成为产品专家。

有一家长途货运公司要购买一批载重量比较大的卡车，用于装载货物。然而，在询问了载重四吨的卡车的价格后，采购专员又犹豫了，因为他觉得载重四吨的大卡车价格太贵了，比载重两吨的卡车贵了将近一倍。为此，采购员的想法有些动摇，暗暗问自己：我是否应该购买载重两吨的卡车更划算呢，毕竟这样只需要多花一些钱，就能把一辆卡车变成两辆卡车。

销售员似乎看出了采购员的疑虑，因而问采购员："您平日里需要运载的货物通常有多重呢？"采购员想了想说："通常是在两吨左右。"销售员问："您说的两吨左右，我的理解是有的时候货物低于两吨，有的时候货物高于两吨，对吗？"采购员点点头。销售员说："其实，卡车的载重量一则是由卡车的核定载重量决定，二则路况的改变，也会对载重量产生影响。例如，在路况好的情况下，是可以满载运行的，而在路况不好的地方，如山区等地方，如果满载行驶，则很容易使卡车处于过度磨难和超负荷行驶的状态，尤其是在冬天，汽车本身也会产生更大的压力，这样汽车就更加负重难行。当然，如果您的货物不到两吨重，那么用载重两吨的卡车运输是没有问题的。我记得您原本就想采购两辆卡车，我建

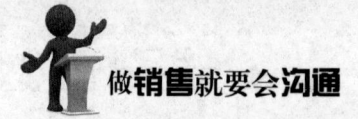

议您可以采购一辆载重四吨的,再采购一辆载重两吨的。这样一来,不管多么重的货物,都有合适载重的卡车来运载。就算货物不够两吨重,您偶尔用载重四吨的卡车运载,也比超载运输更好,您觉得呢?"

在销售员井井有条的分析下,采购员觉得销售员说得很有道理,最终购买了一辆载重四吨的卡车和两辆载重两吨的卡车。

在这个事例中,销售员之所以能够打动客户的心,是因为他真正站在客户的角度考虑问题,以满足客户的需求为先。此外,他也非常了解汽车的性能,知道汽车在不同的路况中、不同的季节里,载重量会有怎样的改变。所以,他的一番话让客户心服口服,心甘情愿地听从销售员的建议。

一个销售员要想更专业,一定要有专业的态度,也要有敬业的心。有的销售员尽管对工作很热情,却在专业方面比较逊色,是无法满足客户需求的;有的销售员虽然是不折不扣的权威专家,却对客户不冷不热,显而易见,这样的销售员也无法真诚用心地为客户服务。销售员唯有专业、敬业才能全方位地服务好客户。

3. 专业的话一定要说得清楚

销售员面对客户，除了要有真心、耐心、热心之外，还要有一颗坦诚之心。所谓坦诚之心，就是销售员对客户要坦诚，尤其是在客户有异议的情况下，销售员更要对客户坦诚相见，遇到问题不要敷衍或者企图隐瞒，这样才能以真诚的话打动客户的心，赢得客户的信任和认可。

在与客户沟通时，很多销售员都会犯自以为是的错误，他们觉得自己是在专业领域内比客户更权威的专家，所以会忍不住表现出优越感，对客户颐指气使。实际上，不管销售员的专业知识是否比客户更丰富，销售员始终都是服务于客户的。销售员说些专业的话表现自己的权威，也要深入浅出，保证自己对产品的介绍是客户能够接受的。否则，销售员说得再多，也打动不了客户的心，更不会起到预期的效果。

销售员要想让每句话都说到客户的心里去，对客户起到一定的影响和效果，就要把专业的话说得清楚。要想把话说得清楚，销售员要根据客户的具体情况进行调整，这样才能有针对性，给予客户最好的消费体验。记住，没有任何客户愿意被蒙在鼓里达成交易，人都是缺乏安全感的，所以人人都追求安全感。在消费过程中，每个客户都想对交易过程的细节有所把控，明智的销售员不会想要欺瞒客户，而是在客户有所质疑，甚至在客户没有质疑的情况下，就主动对客户坦白，

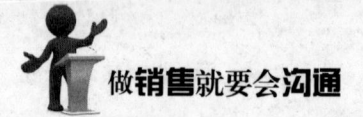

告知客户产品的瑕疵。这样的坦诚，非但不会失去客户的信任，反而会赢得客户更大的信任和真诚的托付。

真正有底气的销售员，不会对客户有所忌惮，因为他们心中坦荡，所以不会故意对销售员隐瞒。相反，他们希望客户在达成交易前把心中的疑虑和困惑都说出来，这样把问题解决在前面，远远比把问题藏着掖着来得更好。把话说清楚，是销售员专业的表现，也是销售员心中有底气的表现。每一个客户，都愿意与坦荡的销售员打交道，也愿意与这样的销售员达成交易。

从专科院校毕业后，小柔一直没有找到合适的工作。无奈之下，她接受表哥的邀请，临时去表哥开的电脑专卖店里帮忙。

做销售的人都知道，从事销售工作，得到多少钱，与卖出去多少产品、卖出去多贵的产品，以及为公司创造多少效益是密切相关的。小柔进入公司没多久，就意识这个现实的问题，所以每当有客户到访，只要是被她接待的，她都会尽力说服客户购买价格更昂贵的产品。

一天中午，一位女性客户来到门店，想要购买一款笔记本，用于写作。客户说，偶尔出门在外，也许还会用笔记本看个电影。了解客户的需求后，小柔不假思索就给客户推荐了一款一万多元的笔记本。客户很纳闷，当即问小柔："我有同学对电脑很熟悉，他说像我这样的需求，只需要买一款五千多元的笔记本就足够用了。"小柔马上给客户洗脑："您怎么能只从自己的需求出发呢？现在电子产品更新换代多快啊，要买就要买最好的产品，不然买的时候就已经落伍了，还怎么用啊！"客户说："但是我只需要处理文档，偶尔看个电影，我从来不打游戏，也根本不会打游戏，真的有必要用那么高的配置吗？"小柔说："当然。您一定要相信我啊，我每天都在卖电脑，当然比您懂。"客户还是不甘心，继续追问:"那你告诉我,五千元左右的笔记本,现在来看能否满足我的需求?"小柔支支吾吾,一个劲地说:"五千多元的笔记本没法买呢!"

最终,客户接连追问好几次,小柔也没有说出个子丑寅卯来。最终,客户失去耐心,不愿意再和小柔沟通,甚至还因为受到小柔的牵连,对店里的电脑也印象恶劣。最终,客户生气地离开,去了其他电脑公司购买电脑。

所谓专业的话,不但指的是专业领域内的话,也指的是销售员的专业、敬业、真诚、热情。一名优秀的销售员,不但会用专业术语为客户介绍产品,更会在与客户沟通的过程中,以坦诚对待客户,从而赢得客户的认可与信任。

很多销售员看到客户的异议,都会感到担忧,生怕自己哪个问题没有回答好,会得罪客户,甚至惹恼客户。所以他们在回答客户的问题时,总是再三思谋,只想组织好语言,给客户最完美的回答。殊不知,过于完美的东西,无法让客户心动,因为太完美意味着虚伪和矫饰,也意味着不够真实。对待理性的客户,销售员一定要真诚,要坦诚,这样才能以不那么完美的真实回答打动客户的心。尤其需要注意的是,大多数销售行业,销售员的收入都与销售业绩密切相关。在这种情况下,销售员一定要摆正心态,以满足客户的需求为主,而不要过于急功近利,最终伤害了客户的心,也辜负了客户的信任。

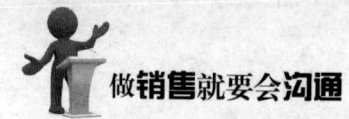

4. 让数字说话更显得专业

既然专业才能征服客户，如今有很多销售员想方设法让自己变得更专业。除了对自身知识和技能的提升之外，他们还会想出各种便捷的方法。例如，以PPT来为客户呈现产品；再如，在给客户介绍产品的时候，说一些专业化的术语。这些从表面上提升了销售员的专业度，而真正有效的方法是，在产品介绍中加入时下流行的大数据，以数字说话，让自己变成真正的专业人士。

近两年来，大数据越来越流行，很多行业或者企业，都喜欢用大数据来说明问题。通常情况下，泛泛而谈并不能说服他人，让他人信服，当运用具体翔实、权威、准确的数字说明问题时，更能给人带来权威和踏实的感觉。所以销售员要想赢得客户的信任，最简便易行并效率很高的方法，就是以数字说明问题，赢得客户的信任。众所周知，语文是一门基础工具学科，文字的变化多样也让表达变得更丰富。和语文相比，数学这门学科尽管也是基础工具学科，但是显得更加理性、严谨。换言之，在一句话里，总能找到可以替代的词语，但是在数学解题过程中，连小数点的位置都不能错，否则就是失之毫厘，谬以千里。正是基于这样的观念，大多数人觉得语文是有弹性的，而数字则必须是精确的，无法更改的。所以如果销售员在与客户沟通的过程中恰到好处地运用数字，则能够给予客户更值得信赖的感觉。

第四章 说话专业：先做行家，再做卖家

数字具有客观性，不可随意捏造，尤其是在向客户介绍产品的时候，如果销售员能把言之凿凿的数字摆在客户面前，那么客户就会认为事实确凿，不差分毫。或者在需要说服客户的时候，销售员也可以以数字为自己代言，这样才能在最短的时间内说服客户，也让客户发自内心地相信销售员，对销售员所说的一切心服口服。

作为一名新房销售人员，小童所在的开发公司以科技住宅为理念，在开发房地产的时候，在居住生活中加入更多的科技因素，所以得到了很多年轻人的追捧。然而，很多年轻人其实不懂得什么叫科技住宅。为此，小童就要把科技住宅的理念传输给客户，并且以详尽的介绍为客户演示科技住宅的利与弊。

有一天，一对年轻的小夫妻来到售楼处。显然，他们也是奔着科技住宅来的。为此，小童非常流利地告诉他们："我们的科技住宅，和普通房屋相比，技术含量非常高。例如，现在的环境污染很厉害，PM2.5的数值很高，我们的新风系统就可以有效降低PM2.5的数值，让家里的空气始终保持在恒温恒湿的状态下，这就像是来到了四季如春的昆明，居住的感受大大提高。"小童曾经用这套四季如春的说辞成功地打动过很多客户，但是这次他显然遇到了对手，因为年轻的女士马上问："如果打开新风系统一个小时，数值能降低到多少呢？或者说在一套三居室内，新风系统需要多长时间才能把空气完全净化到合格的标准呢？"这个问题显然把小童难住了，趁着他瞠目结舌的档口，年轻女士又说："如果没有时效性，这个新风系统相当于没有。"

此时，小童的师父经过这里，看到小童被难住，赶紧来救场。师父对年轻女客户说："这位女士，您问的问题非常专业，我想您平日里一定很关注空气净化吧……"这样一句不漏痕迹的赞美，马上让年轻女客户的嘴角露出微笑。接下来，

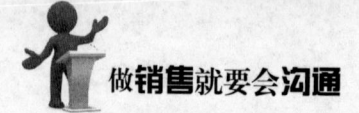

师父又以很多数字,为年轻女客户解答了疑问。年轻女客户被数字征服,也被师父的专业征服,马上表现出对房子的好感,而且当即就与丈夫商量是否要定下一套三居室呢!

空洞的说辞也许能敷衍外行的客户,一旦客户对于某个领域的认知比较深入,空洞的说辞就会显得苍白无力,根本无法有效地打消客户心中的疑虑。销售员一定要努力提升自己的专业水平,也要在与客户沟通的过程中表现出自己的专业素养,这样才能征服客户,也让客户信服。

在使用数据说服客户的时候,还要注意按照一定的标准来选择数据。首先,使用的数据要真实有效,如果牵强附会地使用数据,或者随意地篡改、捏造数据,那么这样的数据根本不可能起到预期的效果。其次,在使用数据的时候,要更加灵活、有效地组织,而不要生硬地把数据堆叠或者罗列在一起,导致给客户以枯燥乏味的感觉,也无法起到很好的效果。再次,使用数据也要把握合适的度,所谓凡事皆有度,过犹不及。与其为了使用数据而堆砌数据,不如根据需要使用数据,这样才能起到画龙点睛的效果。最后,现代社会处于飞速发展之中,万事万物都在以最快的速度变化,所以使用数据也要讲究与时俱进,要注意随时更新数据,这样才能避免数据因为落后而误导客户。当被客户发现数据陈旧时,销售员在客户心目中的印象也会大打折扣。所以说,使用数据尽管有利于得到客户的信任,但是也要注意各个方面的细节,这样才能在使用数据时扬长避短。销售员与客户打交道绝非简单容易的事情,更要努力做好方方面面的细节。

5. 帮顾客做选择也要表现出专业

很多客户在面对多种多样的产品时会眼花缭乱，又因为不知道各种产品之间的区别，所以会很犹豫。这样客户很难做出选择，也根本无法在各种产品之间有所倾向。作为销售员，除了为客户介绍产品，给客户专业的服务之外，当客户感到犹豫纠结的时候，销售员还要以专业的分析和引导，帮助客户做出选择。之所以说是专业的分析和引导，是因为虽然销售员要与客户打好感情牌，但是一味地谈感情并不能解决问题。没有任何客户愿意把钱白白浪费，大多数客户都想花最少的钱，办最大的事，从而让自己的每一分钱都花到刀刃上。而销售员要做的，除了给客户介绍最优质的产品，也让客户觉得自己的钱花得物超所值，所以他们才能心甘情愿地达成交易。

在帮助客户做出选择时，很多销售员会犯一个错误，即他们觉得自己与客户之间的关系很好，所以就会继续以感情打动客户，想让客户看在他们相谈甚欢的分上，选择他们的产品。人们常说，对于工作和生活一定要公私分明，对于客户的理性选择也要和日常的感情区别开来，而不要混为一谈。不管是对于哪个层次的销售员而言，可以与客户打好感情牌，但要注意把握好度，千万不要以感情绑架客户，更不要过度地谈论感情，让客户觉得很为难。

公事公办，尽管听起来是一种拒人于千里之外的态度，而当真正去做的时候，

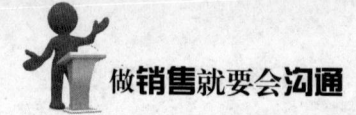

就会发现冷漠其实比热情更有利于解决问题。抛开私人的感情,从专业的角度为客户介绍产品,然后把主动权交还给客户,让客户自主做出选择,这对于客户而言才是更好的消费体验。为了让客户心甘情愿地选择产品,销售员还有一个撒手锏可以用,那就是说服客户于无形。与其苦口婆心劝说客户购买产品不如用产品打动客户,让客户主动购买,这才是最高境界的销售。

现代市场上,很多产品都极为丰富,即使是同类别的产品,也有很多,因而当客户想要从品种繁多、质量相差无几的产品中选择最适合自己的一款产品时,无疑是很难的。在这种情况下,销售员就要发挥作用,把自家的产品同干扰客户做出选择的产品区别开来。

要想做到这一点,首先,销售员要了解客户的需求。只有深入洞察客户的内心,销售员才能把握客户的需求,从而满足客户的需求。虽然市场上同类别的产品很多,但是未必每一款都适合客户。其次,在了解客户需求的基础上,销售员当然要深入了解自家产品的性能、核心技术和优势,除此之外,甚至连产品的颜色、噪音值等,都要了解清楚。唯有如此,销售员才能把产品的优势与客户的核心需求进行匹配。在向客户介绍产品的过程中,销售员还要根据客户的需求调整对产品进行介绍时的侧重点,把产品的优势与客户的核心需求相匹配,更有利于打动客户。反过来,如果不了解客户的核心需求,也不了解产品,而以产品的缺点匹配客户最看重的需求,则销售必然会彻底终止,再也没有结果。

作为一名空调推销员,眼看着天气越来越热,夏雨的生意也好了起来。连续几天的高温,来购买空调的人越来越多,夏雨忙得不亦乐乎。这不,夏雨刚刚休息,店里就又来了一对年老的夫妻。老夫妻问夏雨:"小伙子,有没有适合年轻人用的空调?"夏雨听到这个问题觉得很困惑:所有的空调都适合年轻人使用啊!

不过，他没有把心中的疑虑说出来，而是在认真思考之后，为老夫妻推荐了一款最新的立柱式空调，这款空调外形看起来和其他的立柱式空调差不多，但是价格却贵了两千多元。

老夫妻显然是觉得空调有些贵了，露出为难的表情。这时，夏雨说："大爷大妈，这款空调是专门为年轻人量身定制的。这么看起来，您二老也许觉得它没什么不同，但是等到我给您二老讲完了，您们就知道了。首先，这款空调有净化空气的效果。您二老一定知道，现在的年轻人都喜欢睡懒觉，常常关着门关着窗户睡觉，因而屋子里的空气不会太好。所以这款空调有循环和净化空气的功能，很适合年轻人。其次，这款空调可以定时开关，还可以连接手机遥控。如在炎炎夏日中，年轻人下班回到家里，一定会觉得家里的空气很闷，也很污浊。在这种情况下，他们难以有好心情。使用这款空调，他们可以在下班回家一个小时前打开空调，这样回到家里就有清新凉爽的空气了。此外，在早晨匆匆忙忙起床上班之后，如果他们到了单位才发现忘记关空调了，那么也可以使用手机关上空调，从而避免了资源浪费。"在夏雨的一番讲解下，老夫妻觉得这款空调尽管有些贵，但还是可以接受的，毕竟功能都很新潮。为此，他们几经权衡，购买了这款空调。

对于老年人而言，两千多块钱不是轻易就能花出去的。夏雨的推销之所以成功，就是因为他把握住了老年人想给孩子买空调，还想让孩子使用起来更加便利的心理。因而，夏雨把空调的优势与老年人购买空调的核心需求紧密结合起来，自然推销工作也就更顺利了。

在引导客户在诸多产品中做出选择的时候，最关键的就是突出产品的优势，并与客户的核心需求相吻合。客户购买行为的发生，绝不是无缘无故的，一定是有某些东西打动了客户，所以才会促使客户下定决心购买。作为销售员，就是要

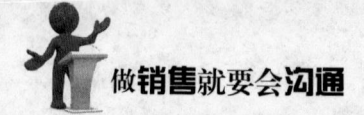

找到能够让客户心动的点,这样才能最大限度地激发出客户的购买欲望,让客户下定决心购买。如果语言的表达不能让客户对产品了解透彻,销售员还可以亲自给客户演示产品优势,从而让客户认可产品,对产品心动。

此外,销售员在给客户介绍产品的时候,要把握合适的度,不要过分夸大产品的优势和劣势。只有客观介绍产品,重点突出产品的优势,才能让客户对产品心动,切实有效地促进销售行为的达成。为了赢得客户的信任,销售员没有必要刻意隐瞒产品的缺点。当销售员与客户坦诚相见,说出产品的确存在的缺点,也许会给客户更好的感受。总而言之,在如今的信息时代,客户绝不会闭目塞听,所以销售员对待客户首先要诚实,其次要对产品的优势和劣势客观评价,从而才能真正打动客户的心,为客户答疑解难,给客户吃下定心丸。

6. "演""说"结合，销售员更显专业

在对客户推销之前，销售员有很多工作需要准备，销售工作绝不像很多人所想的那样特别简单，不需要铺垫和准备。如果没有任何准备，只告诉客户产品的价格和最基本的性能，这种行为叫"卖"，不叫"销售"。真正的销售，涉及专业的知识、销售的技巧，甚至还与心理学有密切的关系。总而言之，销售员要想把产品卖给客户，并不是简单的事情，要做好方方面面的准备工作，才能最大限度地发挥销售的力量，成功地打动客户的心。

在销售进入关键阶段时，客户往往会非常犹豫，拿不定主意，这是最考验销售员能力的时刻。直接了当地催促客户购买，效果不一定好，如果不催促客户购买，又怕客户反悔。如何拿捏好其中的度，是非常关键的，也是至关重要的。如果销售员把销售技巧发挥得恰到好处，就能促成客户成交于无形，还起到最佳的效果。如果销售员不能把销售技巧发挥得恰到好处，则有可能导致客户的心态发生变化，错过最佳的成交时机。

当然，还有一种方法比一味地说服客户更有效，那就是"演""说"结合，让客户对产品有全方位的了解，最大限度地激发出客户的购买欲望。给产品做演示，是促进交易最关键的一步。销售员通过演示产品，既要展示产品的性能，还要展示销售员的专业素质和涵养，从而卓有成效地打动客户，给予客户更好的消

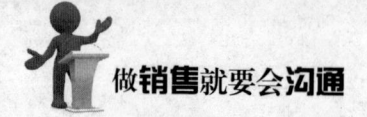

费体验。通过产品演示，还可以展现出销售员的整体素质，演示成功，也许销售员不需要多费口舌，客户就能主动成交。如果演示失败，销售员就会遭受很大的损失，哪怕费尽全力去挽回，也很难得到好的结果。所以，优秀的销售员都擅长演示产品，也会成功地演示产品。

在销售工作不断推进的过程中，有些销售员虽然非常努力，但是始终无法取得好的结果。实际上，这样的销售员完全本末倒置了。从沟通的角度而言，他们更应该倾听客户，从销售的角度而言，促进交易达成的不是他们的三寸不烂之舌，而是客户对产品的认可和接纳。换言之，假如客户不接纳产品，不管销售员说了多少，或者说得如何，都不能对销售产品起到关键性的作用。与其说那么多没用的话，不如向客户演示产品，当客户对产品表现出浓厚的兴趣时，自然会毫不犹豫地主动购买。

作为一家生产照明设备的公司，这几年来，光明厂一直想把最好的灯泡卖给一所中学。然而，也许因为光明厂推销的是最好的灯泡，所以价格偏高，导致推销员去了中学拜访很多次，始终都没有结果。后来，正好中学重建，需要招标购买一批灯管，为此销售员抓住这个机会，赶紧带着样品去参加投标。

当然，这个销售员已经不是当初那个被拒绝了很多次的销售员了，而是一个全新的销售员，此前从未与中学接触过，自然也没有被中学拒绝。这个销售员带着一根钢筋来到投标会，对负责的领导说："我不想多说什么。产品的质量，相信在座的领导都有所了解。仅以这根钢筋为例，我只要握住钢筋的两端，就能把钢筋折弯，然后如果我松手，钢筋还有可能复原。但是，孩子的视力不是这根钢筋，一旦被弯曲，就再也没有复原的可能。如今，孩子们的课业原本就很重，眼睛也非常疲劳，适度的光亮是他们最需要的。下面，我想换上我们的灯管，让各位领导切身感受下光明灯管与其他灯管的区别。"说完,销售员就去更换灯管。果然,在光明灯光明亮柔和的光线下,领导们频频点头。

最终,领导们一致决定给每个教室都配用光明灯管,这样,也许超出了一部分预算,但是却能有效保护孩子们的视力,有助于孩子们读书学习。

好的产品,还需要销售员精彩的演说,才能更加出彩。但如果销售员的演说再精彩,产品的品质却不过关,也是不能出彩的。真正成功的演示,是把销售员的成功演说与完美的产品结合起来,这样才能真正让客户心动。

"演""说"结合,才能起到全面的作用,一是通过实际操作和完美演示,来弥补语言无法表达产品优势的特点;二是让客户感受到,耳听为虚,眼见为实,从而真正相信产品是非常优质,事实也是胜于雄辩的。在演示之初,为了吸引客户的注意力,销售员可以采用别出心裁的方式激发起客户对产品的好奇心和强烈的兴趣,然后再在接下来的演示中向客户验证这些特性,最终让客户认可产品、接纳产品。所谓百闻不如一见,让客户亲眼看到产品的优质,这是远胜于一切语言的。

当然,客户集中注意力的时间是有限的,为了在最短的时间内完成演示,让演示起到更好的效果,销售员要控制好演示的时间。如果演示拖沓冗长,客户根本没有那么多的耐心一直等着演示完成,也许还没有演示到客户关注的性能,客户就已经失去耐心了,那么这样的演示也就没有成效。为了激发起客户的兴趣,让客户始终对演示保持关注,销售员可以在演示过程中多多与客户互动,也可以设计亲身体验的环节,让客户感受产品的性能。这样一来,客户当然会心动,也愿意为产品打高分。

第五章
拓客口才：做销售从做朋友开始

很多人只把客户当客户，甚至对于客户急功近利，这么做只能是欲速不达。实际上，要想把销售做得恰到好处，最重要的在于先把客户当朋友。只有从淡淡的友情开始，销售工作才能进展更顺利。

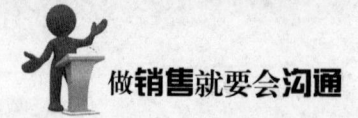

1. 先交朋友再谈生意，让顾客成为自己人

要想把客户当成自己人，只一味地催促客户成交，是远远不够的。最重要的是要先把客户当成朋友，这样才能以更加轻松的心态去面对客户。常言道，近乡情怯。当销售员对于客户怀着一颗功利的心，很容易因为过多地考虑功利方面的事情，而导致对客户过于紧张和在乎，也无形中给客户压力，导致与客户的交往举步维艰。最重要的是以轻松的态度与客户交往，这样客户才会觉得毫无压力，销售工作自然进展顺利。

如果说，如何面对客户是很多人都不知道的，那么如何交朋友，则应该是人人都知道和熟悉的。作为销售员，先不要急于做销售，而要先学会交朋友，先谈友情再谈生意，则进展会更顺利。当然，这里所说的友谊，不是指纯粹的友谊、真正的友谊或深厚的友谊，而是指对待朋友要真诚友善，不要因为各种各样的功利关系对客户催促得过于紧张。从本质上而言，就是营造与客户之间的良好氛围，从而让客户放宽心，更加轻松自然地与销售员相处。

怎样才能让客户成为"自己人"呢？对于很多销售员而言，只要把客户当成朋友，就可以与客户轻松相处。而实际上，要想真正做到这一点，并不是很容易的事情。销售员必须做好点点滴滴的细节，关注到方方面面的事情，才能做到面面俱到，与客户和谐融洽地相处。

作为空中客车的销售大将,拉蒂艾在销售飞机的道路上走过很多弯路,最终找到销售的技巧,也让销售工作顺利进行下去。拉蒂艾曾经负责向印度推销飞机,众所周知,印度国力贫弱,因而想把飞机推销给印度并非简单容易的事情。起初,印度政府尽管通过了初审,但是并没有正式批准,因而拉蒂艾的任务就是说服印度政府,正式拿下这项业务。

到达新德里时,印度航空公司的主席拉尔少将负责接待拉蒂艾。拉蒂艾有备而来,一见到拉尔少将就说:"拉尔少将,感谢您!正是因为您,我才能在生日当天回到我的出生地。"这句话尽管简单明了,实际上蕴含着丰富的意思。首先,他对拉尔少将表达了感谢之情,赢得了拉尔少将的好感。其次,他告诉拉尔少将,自己就是新德里出生的新德里人,而正是冥冥中注定,在生日当天重回故里、出生地。这样一来,拉尔少将对拉蒂艾的印象也就更好了,由此奠定了他们之间相处的良好基础。可想而知,拉蒂艾接下来与拉尔少将的谈判非常顺利,最终,拉蒂艾顺利拿下了印度的宝贵订单。

拉蒂艾为何能够取得胜利呢?这是因为他在初次与客户见面的时候,就能够以感谢的方式瞬间拉近自己与拉尔少将的距离,又能够表明自己就是在新德里出生的人,所以他才能与拉尔少将之间变得亲近,就像朋友一样彼此真诚相待。否则,如果拉蒂艾采取官方的态度与拉尔少将沟通,则一定会因为疏远而导致接下来的工作进展艰难。

人与人相处,第一印象是非常重要的。作为销售员,要想与客户像朋友一样相处,并非意味着要刻意逢迎客户,也可以怀着轻松的、不卑不亢的心态,与客户打招呼、寒暄等,这些都是拉近与客户彼此之间距离的很好方式。此外,

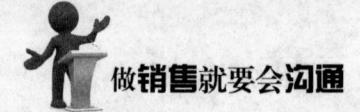

还要关注人际相处之间的寒暄语言,如可以感谢客户,向客户多说一些礼貌用语。除了说一些礼貌用语之外,还可以对客户面带微笑。生活中,有很多人都会自来熟,如果客户不反感,自来熟也能有效拉近与客户之间的距离,与客户像朋友一样相处。

还需要注意的是,有些销售员会以专业的姿态与陌生客户相处,这并不适用于所有的客户和所有行业的销售。如果面对的客户也是很专业,那么就要以更专业的姿态赢得客户的认可。不过有些销售行业是很接地气的,在这种情况下,第一次与客户相处时,就不要说太多的专业术语。否则,就会让客户望而生畏,也会导致客户产生反感。总而言之,如何以更好的方式与客户成为朋友,就要根据工作性质去区分,也要根据客户的具体情况区别对待。只有因人而异,才能让销售工作进展得更加顺利。

2. 要想钓到鱼，就要像鱼那样思考

当客户把销售员当成自己人，可想而知，客户就会与销售员更好地沟通和交流，客户也会给予销售员以信任，从而让销售工作顺利展开。因而作为销售员，要想赢得客户的认可和尊重，最重要的是要打动客户的心，与客户顺畅地沟通。

很多人都有过钓鱼的经历，那么就会知道，新手总是很难钓到鱼，这是因为新手不知道鱼的生活习性，也不知道什么样的水域有什么样的鱼。销售员何尝不像一个钓鱼的人呢？打个比方，客户就是销售员的鱼，当然，任何优秀的渔夫也不可能对于整个水域的鱼一网打尽，销售员也是如此。再优秀的销售员，也不可能搞定所有的客户，最重要的在于针对自己的产品界定客户的范围，这样才能深入了解客户。当销售员知道客户的所思所想，才能打开客户的心扉，销售工作才会进展得更加顺利。

如何才能与客户成为同一战壕的盟友呢？这就要求销售员要像客户一样去思考。从心理学的角度而言，人与人相处的时候，会从心理的角度本能地亲近与自己有相同点或者共同点的人。从这个角度来说，销售员要想让客户对自己产生亲近的感觉，就要寻找与客户的共同点或者相同点。也许有的销售员会说，客户就是客户，销售员就是销售员，如何有共同点呢？其实，不管是客户还是销售员，都是人而不是神仙。客户和销售员一样是普通的俗人，也有喜怒哀乐、七情六欲。

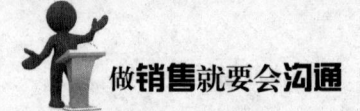

只要销售员有一颗认真细致的心，总会找到客户与自己的相同点，从而与客户拥有共同的话题，相谈甚欢。

在交流的过程中，销售员甚至会发现自己与客户的某些观点是一致的，这样，他们会更容易沟通，也能够与客户彼此欣赏和接纳。总而言之，也许寻找与客户的共同点需要多花费一些心思，但是，做好了这样的铺垫，接下来的销售工作就会更顺利。

作为一名销售员，小王经常需要去客户的公司拜访。不过，拜访并不都是顺利的，小王常常遭遇闭门羹。例如，最近经常拜访的这位客户，小王每次去都遭遇闭门羹，被秘书以各种各样的理由拒绝。直到今天，小王才趁着秘书不在冲到了经理的办公室。小王知道，成败在此一举，为此他认真组织好语言，以最快的速度口齿清晰地向经理介绍了自己。

经理还没反应过来呢，小王就把自己介绍清楚了。经理回过神来，当即对小王说："您还是请回吧，我暂时不需要。有需要的话，我会让秘书联系您的。"听到经理的话，小王意识到经理的拒绝相比之下是很委婉的，为此灵机一动指着墙角的钓鱼竿问经理："您喜欢钓鱼，这是富士竿吧？"说起鱼竿，经理的表情明显亮了，他有些感兴趣地问小王："你也懂得钓鱼？"小王笑起来，说："哈哈，我也是钓鱼发烧友啊！您这个钓鱼竿特别贵，我买不起。就因为钓鱼，老婆和我吵过好几次架，嫌弃我买鱼竿花钱，也生气我休息的时候总是去钓鱼。但是真是手痒痒，控制不住。"经理如同发现了同道中人："看来天下老婆都一样啊，我也是只能把钓鱼竿放在办公室里，抽出不影响陪伴家人的时间去过过瘾。"就这样，小王和经理针对钓鱼的问题越聊越高兴。后来，经理居然主动问起小王关于工作的事情，小王就这样轻而易举地让经理成为自己人。

具体而言，销售员要想让客户变成自己人，首先要在沟通的时候，与客户形成共鸣。如果是从销售工作入手，很难形成共鸣，所谓买卖两个心眼，从销售与购买的关系角度而言，销售员与客户处于对立的状态，是买卖的双方。那么明智的销售员不会一开始就与客户谈论专业问题，而是先从轻松的话题入手，最大限度地打开客户的心扉。当营造出轻松的沟通氛围时，销售员与客户之间的关系自然会更加顺畅，沟通起来也效率倍增。

其次，要针对客户的不同情况做不同的销售方案，才能卓有成效地找到与客户的共同点。作为销售员，一定要认真细致、多多观察、深入了解客户。例如，年轻的客户喜欢聊一些热门话题；年老的客户关注养生；中年客户对于人到中年深有感触；而女性客户则更喜欢关于美容、时尚等方面的话题。销售员只有认真细致用心，才能找到最合适的话题与客户沟通。

最后，在与客户进行交流的时候，还要注意措辞。很多销售员与客户沟通的时候，情不自禁就把客户放在对立面。这样如何能够赢得客户的认可与信任呢，更别说打动客户的心，与客户同一战壕了。明智的销售员知道，要想真正与客户统一战线，首先要从语言上与客户统一战线，这样的形式主义未必都是毫无效果的，当语言上与客户变得亲近起来，渐渐地，随着交流的不断深入，客户的内心也会与销售员更加亲近。总而言之，要想与客户成为自己人，并不是易事。不管何种情况下，销售员都要将心比心对待客户，才能深入了解客户的想法，拉近与客户之间的关系，让销售工作顺利达成。

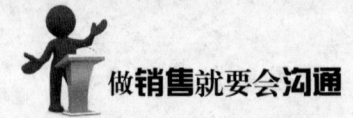

3. 准顾客具备的条件及寻找方法

作为销售人员，几乎人人都发愁如何寻找客户。如果每天只需要留在门店里接待客户，那么销售工作就会很简单容易，只需要做到客户接待工作即可。而对于大多数销售员而言，拓客才是最大的难题，去哪里寻找准客户，这是每个销售人员都非常关心的。尽管大多数销售人员因此而头疼，但是这也是非做不可的事情。如果能掌握一定的方式方法，或者知道准客户分布在哪里，工作进展就会顺利很多。

每当走在大街上，我们就会看到有一些小广告人员正在发广告，或者是推销员正在做推广。从表面看起来，这两种方法似乎截然不同，实际上却有异曲同工之妙。只不过前者是被雇用来专门发小广告的，是没有针对性地、漫无目的地乱发，而后者则是销售员在亲自发广告，从而对有意向的客户群体进行深入推销。如今，随着网络的发达，除了这两种方式，还有很多种方式都是可以进行网络推广的。重要的是销售员要有推销意识，要能够把推销工作做得更深入到位，这样才会寻找到潜在的目标群体，从而有针对性地展开推销。

自从加入推销行业后，雨荷觉得自己瞬间低端了很多。原来，她每天的工作就是拎着化妆品，去小区里、高档写字楼里进行推销。如此坚持了一个月却没有任何结果，雨荷不由得灰心丧气，十分沮丧。她甚至想要放弃这份工作，不愿意坚持下去。

当对主管提出辞职的请求后，主管问雨荷："你为什么要辞职呢？"雨荷摆出一副毋庸置疑的样子，显而易见是在说"这还用说吗"。主管笑起来，说："其实所有的新人入职不久都想辞职，因此这个行业是真正的剩者为王。"雨荷有些不置可否，问主管："为什么叫剩者为王？"主管说："大浪淘金，剩下的才是金子。其实不仅是新人，就算是经验丰富的老人，也会面临一个问题，那就是拓客问题。只不过新人在刚来的时候，没有任何资源作为积累，所以进展会更加艰难而已。你现在可以去大街上走一走，会有惊喜的发现"。

雨荷一时之间还没有找到其他合适的工作，因而听从主管的建议，真的去街道上走了一圈。雨荷回来后，主管问："你在街道上看到什么？"雨荷说："很多人，不乏俊男靓女，他们光鲜亮丽，是高级白领，为何人家都有好工作，还那么有钱呢？"主管说："错，你看到的都是客户。寻找客户的时候，思维一定要开阔，不要局限。你这一个月都在写字楼或者居民楼里跑，人们不是在生活，就是在工作，那么你是不是应该尝试更多的途径呢？"在主管的启发下，雨荷恍然大悟。从此之后，她随时随地都在推销，不但把化妆品推销给女士，还把化妆品推销给男士。因为很多男士现在也使用化妆品，而且会买化妆品送给女朋友，因此，雨荷的业绩渐渐地好起来，后来，她真的成为"剩下来"的人。

对于很多销售而言，都需要拓展陌生客户。进行陌生拜访，是很多销售员都感到畏惧的事情，他们不知道如何与客户之间建立良好的关系，也不知道怎样才能给予客户更好的帮助。实际上，陌生拜访的确带有盲目性，但需要注意的是，陌生拜访也可以有针对性地进行。例如，在进行拓客行为时，要先锁定客户的基

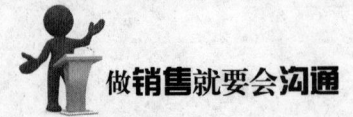

本范围。

其次，很多销售员只知道一味地开拓新客户，却丝毫没有意识到维护好老客户，能够给他们带来更多的客户。毕竟销售员是刚刚开始为新客户服务，最终的结果还不确定。但是对于老客户而言，因为销售员已经成功地为他们服务，所以他们对于销售员的表现和服务心中有数。作为销售员，哪怕标榜一百句，也不如老客户转介绍新客户时，对他们的一句认可更有效果也更重要。所以，明智的销售员一边拓展新客户，一边注重维系老客户，这样他们才能在拓展客户方面双管齐下。

最后，很多公司为了促进销售，也会进行各种各样的活动，在这种情况下，能够主动来参加展会或者各种活动的，都是有一定了解意向的客户。如果销售员能够把握住这个原则，对于前来参加展会或者活动的客户，都给予积极地回应，尽量给予客户最专业的服务，那么效果就会非常好。总而言之，客户无处不在，根据销售员所在的行业不同，面对的客户群体也不同。销售员一定要根据客户不同的群体采取相应的策略，这样才能与客户之间建立良好的关系，也让拓客工作进展顺利。

4. 开拓顾客的主要途径及方法

如果说从哪里找到准客户群体，为销售员寻找客户圈定了方向，那么具体的拓客途经和方法，则是千千万万个销售员在与客户打交道的过程中不断积累才总结出来的，具有切实有效的指导意义，也能卓有成效地提升开拓客户的效率。

具体而言，开拓客户的途径和方法有很多。先从途径说起，公司因为强势的宣传和广告，也会积累一部分客户资源；如今网络十分发达，销售员也可以经营自媒体，从而为自己争取到更多的客户资源；还可以利用人力资源的影响力，不要羞于告诉别人，你是从事什么工作的，而要让身边的每个人都知道你的职业，这样他们在有需要的时候，才会想起你的帮助；还可以维护好老客户，让老客户帮忙转介绍。总而言之，有很多种途径可以卓有成效地开拓客户，最重要的是销售员一定要多多用心，才能把销售工作做得恰到好处。

那么，开拓客户的方法有哪些呢？根据不同的客户来源渠道，对于客户的开拓方法和维护方法，也是截然不同的。例如，从网络上得到的客户资源，销售人员一定要尽早与客户见面，这样才能更好地给客户留下深刻的印象。很多客户从网络上寻求帮助，未必只会找到你一个人的联系方式，所以作为销售人员，一定要第一时间联系客户，与客户真正见面，从而为销售工作的顺利展开奠定基础。对于老客户转介绍的客户，拓客方法与网络开发又截然不同。老客户介绍的客户，

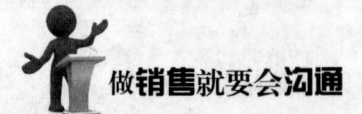

因为已经有了亲戚朋友此前成交的经验，所以他们对于销售员往往是比较认可的。对于这种已经有基础的客户进行拓客，可以先把客户当成朋友去相处和对待，因为已经有了信任，往往会取得更好的效果。

自从进入二手房经纪行业，成为一名二手房经纪人，刘威一开始作为新人，很难接待到客户，因而只好另辟蹊径，自己琢磨之后就开了一个以房地产知识为主的博客。他坚持每天在博客上发布一些关于房地产的知识，渐渐地，他的关注度越来越高，居然有一次真的从博客上得到了一个新客户，还成交了。这个消息很快传遍了公司，领导马上提倡很多人开通房地产博客。然而，没有长久的积累，网络的平台根本不会很快见效。

刘威脑子灵活，等到大家都开始玩转博客的时候，他则玩起了微信公众号。果不其然，这又是先人一步。如今，刘威的微信公众号有了大量的粉丝，还有商家联系他，要在他的微信公众号上放链接，做有偿的广告呢！很多客户在遇到买房卖房的困难问题时，都会主动咨询刘威，就这样，刘威的客户越来越多，当很多同事都为如何开拓客户发愁的时候，刘威却在销售行业做得风生水起，而且拥有了自媒体，每个月只靠着自媒体的广告费，就有好几千元的收入呢！

很多销售行业的元老展开拓客是从电话黄页开始做起的。当时，信息还没有这么发达，电话黄页是个很神奇的东西，上面有很多大企业的联系地址、联系人、联系电话等详细信息。因此一些销售员在展开销售的时候，会从电话黄页上进行"盲打"。当然，这个盲打不是闭上眼睛的盲打，也不是漫无目的地打电话，而是对所有企业进行海选。当然，时代发展到今天，这样的拓客方式已经不足取了，尤其是信息的高度发展，更是让拓客方式不断地进化，也变得更加卓有成效。

作为现代社会的销售人员，理应掌握更多的推销方法，更好地提升自己的知名度，从而做到双管齐下，拓展客源。当觉得客源紧张的时候，还可以针对目标客户进行陌生拜访，这是最考验销售员销售功力的事情，也能够切实有效地帮助销售员提升销售能力、缓解销售困境。在这种情况下，销售员要更加努力，为了小小的可能也要坚持不懈，决不放弃。

此外，作为销售员一定不要目光短浅，而要最大限度地发掘人脉资源。当销售员固然要功利，因为销售员的收入与业绩是密切挂钩的，但又不能急功近利，因为销售员不知道谁在未来的哪一天就会成为自己的客户。唯有怀着友好的心对待每个人，才有可能得到意外惊喜的回报。举个最简单的例子，作为销售员，如果平日里在门店周围看到有老人拎着沉重的东西，那么帮忙拎着送一送，也许未必会多一个客户，但是却会拥有千金都买不来的好口碑。对于销售员而言，潜在的客户随处可见，只要销售员把工作当成是一份事业，真正用心去做，总会有好的表现和突出的发展。

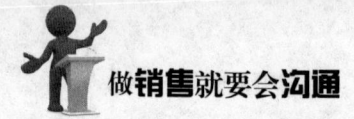

5. 选对池塘钓大鱼：如何做顾客筛选

就像前文说的，如果只是盲目地去发展客户，就如同大海捞针，效果一定会很差。真正明智的销售员，知道在什么样的池塘里能钓到什么样的鱼，也因为对于自己的能力和水平都有一定的评估，所以他们不会盲目地用大海捞针的方式寻找客户，而是会努力做好对客户的筛选工作，从而让寻找准客户的工作更有针对性。

销售员不但要对陌生客户进行筛选，也要对已经开始接触的客户进行筛选，当然这样的筛选属于两个不同的层级，需要区别对待。如果没有筛选，面对不同的客户就会眼花缭乱，也会导致销售工作进展艰难，效率低下。从本质上而言，新人在初入销售行业的时候感到丈二和尚摸不着头脑，完全是正常现象。和很多工作相比，销售行业对于人的要求是很高的，所以在不断适应销售工作的过程中，新人的能力也在不断提高，对于销售工作的理解也更加深刻。众所周知，在这个世界上，最复杂的是人心，而销售人员的工作对象就是人，唯有把握好销售对象的心态，才能做好销售工作。如果销售人员对于销售对象毫无所知，则会导致销售工作陷入困境，也根本无法取得良好的发展。

要想深入了解客户，在与客户相处的过程中，销售人员就要先对客户进行初步筛选。选对池塘钓大鱼，销售人员要在对客户进行正确的初步筛选的基础上，才能有针对性地对客户展开深入交流。否则，一旦选错了客户群体，就会导致推销事倍功半。例如，要想推销玩具，就要针对孩子的群体，很多父母都深有体会，即在带着孩子去儿童医院的时候，总会看到医院门口有很多卖玩具的。这些玩具质量未必很好，但是物美价廉，从十元到几十元一件不等。不得不说，这些小老板都是很有生意眼光和头脑的，通常孩子去医院都是头疼脑热不舒服，本来就会闹情绪，这种情况下父母当然愿意花不多的钱，给孩子买个玩具，哄得孩子开心。如果是销售老年人的保健品，则要在老年人活动比较频繁的地方，这样推销成功的概率更高。

作为一名电话销售员，雅琪最近很苦恼，因为她从入职到现在，虽然每天都在不停地打电话，但是还没有成功销售出去任何产品。为此，雅琪感到很沮丧，甚至觉得自己应该辞职，重新找一份工作。

觉察到雅琪有辞职的意向，领导对雅琪说："雅琪，你可以改变下思路，也许会有更好的表现。例如，你现在打电话是盲打，就像大海捞针，那么你想想，你最近负责的项目，哪些客户会比较感兴趣呢？如果你的选题是关于学历提升的，那么你可以针对很多企业的中层管理者打电话。毕竟中层管理者都是想继续晋升的，虽然能力和水平很重要，但是大多数规模比较大的企业，也会对管理者的学历提出要求。你想想，如果你让新入职的员工来进行学历提升，他们还没有在公司站稳脚跟呢，而且目前他们的学历水平已经满足发展的需要，他们如何会心动呢？"雅琪觉得领导说得很有道理，陷入沉思。

良久，雅琪对领导说："这就像是大海捞针，变成圈出一块海域，在里面捕捉我想要的鱼？"领导哈哈大笑起来，说："你的理解能力很强，表达也栩栩如生啊，就是这么回事。"在领导的启发下，雅琪果然调整工作思路。没过多久，

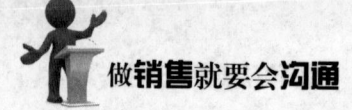

她就成功签约人生中的第一笔订单。

大海捞针是很难的,但是如果在池塘里捕鱼,就会容易很多。作为销售员,时间和精力都是有限的,一定要把力气花在该花的地方,而不要把精力用偏,导致工作没有成效。这就像是在战场上杀敌,想要拿下敌人占据的高地,就要集中火力攻击敌人的高地,而不要分散火力,否则就会失败。

明智的销售员对于自身的能力和水平都有一定的认知,他们既不会过于贬低自己,也不会过于高估自己,而是会对自己有恰当中肯的认知。在遇到难以搞定的客户时,他们既从自身的实际情况出发,也针对客户的情况,从而集中精力,搞定客户。否则,如果销售员对于自身都没有理性的认知,则一定会导致销售工作遭遇困境,无法继续下去。总而言之,销售工作的对象是人,不同的企业因为产品不同,面对的客户群体也是不同的。除此之外,销售的理念等,也会对销售工作产生很大的影响,在这种情况下,销售员一定要熟练地运用销售技巧,合理安排和分布自己的时间和精力,从而把销售工作做到极致。

6. 销售即生活，随时随地寻找准顾客

毋庸置疑，销售工作的难度是很大的。销售员都要面对开拓客户、维护客户等一系列棘手的问题。在这种情况下，一味地抱怨显然不能解决问题，或者畏惧，也只会导致销售工作面临困境，无法顺利展开。要想真正在销售方面有所成就，销售员就要领悟到销售的真谛：销售就是生活。很多销售员把销售与生活割裂开来，认为工作就是工作，生活就是生活，也认为销售与生活之间没有任何互通的地方，最终导致销售工作陷入困境，举步维艰。

很多销售员都在瞪大眼睛、费尽全力地去寻找客户，这样寻找客户显然效率低下。对于把销售与生活割裂开的销售人员而言，还会事倍功半。与其说销售是把东西推销给客户，还不如说销售首先要推销自己，销售就是要会做人。会做人，销售工作就会水到渠成。

有人说，生活处处皆学问。实际上，生活也处处皆销售。销售员只要每时每刻都把销售记在心中，就会发现，原来可以随时随地开发准客户，也能够为销售工作增加力量。当然，到底要去哪里寻找客户，又该用什么样的方法才能找到客户呢？当把销售作为生活的一部分，渗透到生活之中，情况就会明显好转。当把销售的理念渗透到生活的方方面面，销售员就会发现目之所及都是潜在的客户。

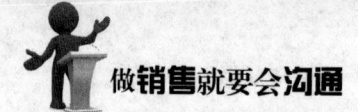

作为一家培训机构负责推销课程的老师,小冯已经养成了良好的职业习惯,随时随地都在寻找客户。有一个周末,小冯带着儿子去一家游戏中心玩耍,孩子尤其喜欢玩里面的游戏。正当孩子玩得不亦乐乎时,小冯与身边的一个妈妈聊天,得知那个妈妈带的孩子是老二,家里还有个老大。职业敏感度让小冯马上问妈妈:"老大上几年级了?"那个妈妈在一旁等着孩子玩耍,也很乐意和小冯闲聊。就这样,一来二去,小冯发展出了一个准客户,还与那个妈妈互相加了微信,没过多久,那个妈妈就打电话向小冯咨询大孩子补课的事情,在小冯耐心细致的讲解下,那个妈妈很快就在小冯的建议下给孩子补课。

很多家里有孩子的父母都知道,每天下午接孩子的时候,学校门口围得水泄不通,除了老师,还有很多推销课程的老师。实际上,对于在校门口的推销,父母们也许感兴趣,却会怀有警惕心理。而像小冯这样以妈妈的身份,在时机合适的情况下向其他妈妈推销自己所在机构的课程,无疑是更容易让妈妈接受的,也会起到良好的效果。

销售与生活是密不可分的,生活中的方方面面,也都是密不可分的。作为销售人员,不要把销售孤立起来,而是要把销售作为生活的一部分,从而才能真正把销售融入生活,也让销售与生活相辅相成,起到积极的推动和辅助作用。

销售就是生活,一名真正优秀的销售员,一定要更加积极主动地去发现客户,与客户之间形成积极的互动,才能最大限度地挖掘客户的潜力,也为自己积累更多的客户资源。很多销售人员都为去哪里找客户而烦恼。实际上,只要处处留心,总是能找到客户的踪迹。例如,有些新入职的销售员会进行社区开发,在社区里与叔叔阿姨、大爷大妈聊聊天,说不定就能豁然打开销售的局面,让自己在销售方面取得进展。需要注意的是,很多人对于人际关系的维护都会陷入一个误区,即只有在用得上别人的时候,才想去与别人沟通,否则就会完全把所谓的朋友抛之脑后。殊不知,朋友之情在于日常的维护,而不在于临时抱佛脚。只有在平日里就注意与朋友常来常往,才能得到朋友的关心,如果已经把别人忘记了,还有何资格要求别人一定要记住你呢!

还需要注意的是,作为销售员千万不要斤斤计较。不管是对于新客户,还是对于老客户,都应该保持热情,而不要过于冷漠。销售员只有尽力发掘自身的潜力,努力对客户付出,才能在与客户的沟通和互动中赢得对方的信赖。

第六章
产品介绍：让销售口才为产品加分

作为销售员，销售技能不容忽视，最关键的是在于把产品推销给客户，让产品的核心性能和优势得到客户的认可，这样客户才愿意成交。否则，再好的产品也会栽在销售员的蹩脚介绍中，再出色的企业也会在销售员颠三倒四的讲述中黯然失色。当销售员以销售口才为产品加分时，产品就会变得更加吸引人，也能够让销售获得成功。

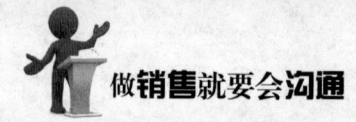

1. 让自己成为顾客心中的权威顾问

如果你有过去医院问诊的经历，那么你就知道作为患者多么迫切地想要挂上专家号，让经验丰富、医术高超的专家亲自为自己诊治。其实，那些刚刚毕业的医学院学生也为了学习医术而付出长期的努力，他们不但掌握了丰富的医学知识，而且也是跟着临床的医生学习过很长时间的。这些年轻的医生同样不可小觑，但是偏偏有很多患者只相信经验丰富的专家，他们哪怕只有一些无关紧要的小毛病，也想要得到专家的诊断。归根结底，这都是病患的心理因素在起作用。简而言之，只有专家才是很多患者心中的权威顾问，而其他医生，不管有多么高的学历，也不管有多少实践经验，总给他们留下"嘴上没毛，办事不牢"的印象。所以，人们才会说，在医学领域，越是年纪大、经验丰富的专家越可靠。

从本质上而言，人人都是推销员，医生也不例外，只不过医生推销的是自己的精湛医术，能够得到每一位患者的认可和赞赏，就是最大的成就。那么作为普通的销售人员，如何做才能把自己推销出去，让自己赢得客户的尊重和认可呢？关键在于要以实力为自己代言，要以真才实学和专业知识，真正地征服客户。

作为销售人员，要想成为客户心中的权威顾问，当然不容易。每一个销售员都要意识到，客户不仅仅是在购买产品，也是在购买销售员的服务和专业的水平。

真正合格且优秀的销售员，不但要为客户提供权威的专业讲解，还要以有温度的方式服务于客户。在客户面前，销售员不能因为经验丰富就自视为专家，对客户指手画脚，却依然要表现出自己的专业和敬业。当销售员真正以专业和敬业赢得客户的心，征服客户以后，接下来的销售工作就会进展顺利，也会给销售员带来更多的收获。

从心理学的角度而言，每一位客户都希望自己花出去的钱是物有所值，这也就注定了每一个客户在消费的时候都会非常小心谨慎，决不轻易就把自己辛苦挣到的血汗钱消费出去。常言道，好钢用在刀刃上。要把每一分钱都花在该花的地方。那么，谁才能让客户觉得自己的每一分钱都花得物超所值，也对自己的消费无怨无悔呢？有人回答是高品质的产品。的确，产品是整个销售活动的核心部分。换个角度而言，应该是销售员。因为哪怕产品品质再高，在客户没有亲身体验之前，也需要销售员向客户展示产品，从而让客户觉得每一个产品都是至关重要的，也是不可替代的，正是自己所需要的。这样客户下定决心购买产品的过程会大大缩短，在购买产品之后，对产品的满意度也会极大地提升。

很多销售员觉得自己的工作就是卖东西，因而把自己的工作看得很低下。实际上，销售员既不要妄自菲薄，也不要妄自尊大；唯有不卑不亢，以专业的态度，才能服务好客户。当然，对于销售员而言，除了自身的素养之外，要想展示专业，最重要的就是了解产品。无论销售员的能力与水平多么高，对产品的专业了解和阐释，都是对合格销售员的基本要求。因而明智的销售员对自己的职业目标很清晰，那就是以专业展示自己，以专业信服客户。

归根结底，客户决定从某个销售员手中购买产品，不仅仅因为产品本身的品

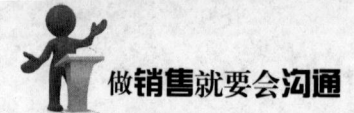

质和性能，也因为销售员表现出专业的素养，给予了客户良好的消费感受，让客户相信销售员。否则，如果销售员对自己的产品都不甚了解，而且也无法把产品与客户的需求精准匹配，销售怎么可能顺利达成呢？

2. 介绍产品要掌握报价的技巧

很多销售员不怕和客户寒暄或者套近乎，也不害怕产品的质量不能让客户满意，因为他们对产品有足够的信心，但却害怕被客户问及价格。不知道为何，他们很心虚，从不相信自己家的产品是物美价廉的，也不相信自己家的产品是极具性价比的。如果有客户提出质疑，他们就感到心虚、害怕和畏缩，因为一旦被客户问及价格，他们马上就会噤声，甚至在客户的追问下支支吾吾，不知道该回答什么。

不得不说，销售员是与客户面对面的一线人员，如果对于价格都不能接受，而且总是感到难堪，不敢直面价格，那么注定这样的销售是要失败的。这就像是一个人连自己都不相信自己，还有什么资格令别人信任自己呢？每个销售员都需要向客户介绍产品，不管客户是陌生人，还是熟悉的人，或者是老客户转介绍的、已经有一定信任基础的人。向客户介绍产品，是销售过程从本质上向前推进的第一步，理应被涵盖在对产品的介绍中，而且作为重要的一项。

当然，大多数销售员对于价格的担心也不是没有道理，因为对于每个销售员而言，客户都是非常珍贵的资源。正是因为感受到客户的珍贵，销售员才不愿意随随便便敷衍和搪塞客户，也能够在给予客户理解和信任的基础上，给客户一个中肯的报价。对于在大企业工作的销售员，说起价格来较理直气壮，有很多对于

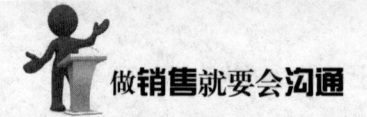

把握价格有弹性的销售员而言，说起价格来则很尴尬。因为报价太高，怕客户被吓跑；报价太低，接下来的工作会很难做，甚至会变成赔本的买卖。实际上，很多企业在制定价格的时候都有不同的策略，作为销售员，当然不可能参与定价，那么就要深入理解企业的文化，理解相关人员定价的目的，这样才能做到不卑不亢地对待客户，也才能在客户询问价格的时候气定神闲，绝不心慌意乱。

常言道，买卖两个心眼。实际上不管销售员如何报价，客户都会觉得贵。卖方总是希望卖到高价，而买方则总是希望买到既便宜又好的东西，这是买卖双方在交易过程中的矛盾心态，也是相互对立的，只能尽量调和，而不能完全使任何一方满意。所谓买卖，就是买方和卖方都觉得还算合适，才有可能达成。如果一味地追求高价，尽管卖方高兴，买方却觉得不合适。如果一味地追求低价，尽管买方高兴，卖方却又不高兴了。人们常说的买卖不成仁义在，正是基于买卖双方的这种心态。从这个角度而言，销售员还必须掌握报价的技巧，才能把价格报得合理，也才能赢得客户的信任和托付。

作为一家电脑公司的销售员，艾米最近正在接触一个大客户，即一家成人培训机构。这家机构需要订购几十台电脑，这对于艾米而言，这笔生意要是能够成功，她不但会有很多收入，而且在职业生涯发展方面也会更进一步。为此，艾米始终在跟进这个客户。

起初，客户并不愿意接受艾米的推销，对艾米避而不见，即使见面了，也总是寥寥数语就把艾米打发走了。但艾米锲而不舍，无论客户怎么对待她，她始终不离不弃，坚持不懈，最终成功地赢得了客户的认可。这一次，当艾米再次带着相关的产品资料来拜访客户时，客户终于问道："你家的电脑多少钱一台？"一听到这个问题，艾米不由得心中一紧，她很清楚客户开始询问价格是好事情，但是她一时之间没想到进展这么快，所以也不知道应该怎样给客户报价。最终，她灵机一动，对客户说："您是大客户，价格肯定要比散户优惠。对于产品的价格，我还不能做主，这样吧，我先给您介绍一下产品的性能，然后回到公司给您申请价格优惠，然后给您详细报价，好吗？总之，请您相信我，我们公司是诚心诚意想与您做生意的，同样的产品，价格肯定不会比别家高。"就这样，艾米巧妙地搪塞了客户，然后开始耐心细致地为客户介绍产品的特点。最终，客户在得到艾米的报价后，依然说："你们的价格太贵了，至少比别家高了15%"。

其实，艾米知道客户必然会这么说，所以她在报价的时候，就留下了余地。因为她很清楚，即使价格报得再低，客户也会觉得不满意。为此，她留下了给客户还价的余地，顺利地与客户达成了交易。

艾米之所以能做成这笔生意，完全是因为她对于报价技巧掌握得很好。很多销售员急功近利，一看到客户说要成交，马上报出自己的最低价。事实却是，哪怕销售员报出来的是赔钱的价格，客户也会觉得贵，也还是要砍价。随着销售经验越来越丰富，销售员不会再以最低价报给客户。但需要注意的是，也不要以过高的价格报给已经跟进了一段时间的客户。否则，在销售员和客户之间已经有一定的信任的情况下，一旦客户知道销售员报给自己的价格是毫无情面的市场价，就会马上疏远销售员，甚至还会对销售员产生反感。

真正优秀的销售员，在给客户报价的时候能够把握好合适的分寸，根据与客户相熟的程度，以及客户的脾气秉性，采取合适的报价策略，找到最佳的报价技巧。既能保证客户不被吓跑，也给自己留下回旋的空间和余地，这样的销售员才能把销售工作做得风生水起。

为了避免客户觉得价格贵，可以在给客户报价之前的每次沟通中，给客户进

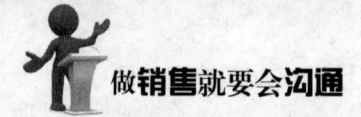

行铺垫,向客户介绍产品的品质,这样客户就会因为对产品的认可,而不觉得价格是难以接受的。其实客户不是怕花钱,因为要想消费,就要花钱,客户怕的是钱花得不是地方,不能买到让自己满意的产品和服务。此外,有些产品的总值比较大,在这种情况下,还可以采取拆分的方法来报价。例如,很少有学习培训机构按照一个课时多少钱去定价,实际上每次课程两个小时,要用到三个课时,而且每个孩子也不可能只参加一次补课,往往是少则十几次课程,多则几十次课程,整体算下来价格就会很高。培训机构的定价人员很聪明,他们不以一个周期的培训为单位计价,也不以一次课程两个小时的费用来计价,而是以每个课时计价。这样看起来,每个课时的费用尽管很低,但是实际上整体的费用却很高,而给孩子报名的父母们因为先认识到每个课时的价格并不贵,所以最终尽管觉得总价有些高,也就勉为其难地接受了。这样的定价策略,是非常成功的。这样的技巧报价,也不会把客户吓跑。

此外,当客户觉得价格高的时候,只否认客户的说话无疑是没有什么效果的。明智的销售员会强调产品的质量以及性价比,从而让客户觉得自己花出去的钱是物超所值的。必要的情况下,还可以把本公司的产品与其他公司的产品进行比较,以这样的方式让客户知道一分价格一分质量,一分价格一分服务。当客户认可你的产品或服务,自然也就能够提升自己的预算,接受你相对偏高的价格。

买卖,从来都是你情我愿的事情,就像恋爱一样,有任何一方不同意或者不愿意接受,买卖就无法进行下去。在与客户沟通的过程中,当遭遇客户的价格质疑时,销售员千万不要觉得难堪,也不要因此迁怒于客户,而要发挥自己的报价技巧,从而给予客户一个合理的价格,也有效地建立与客户之间相互信任的关系，这样销售工作才能水到渠成。记住，逃避是不能解决问题的，只有勇敢地面对价格问题，销售员才能信心十足地面对客户，从而强有力地推动销售工作进展下去。

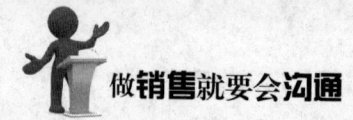

3. 展示产品优势，让产品提升客户的生活品质

客户购买产品，是为了使用产品，利用产品的作用来满足自身的需求。换言之，当客户决定购买一件产品的时候，一定是这件产品能够帮助他的学习和工作，也能够让他的生活品质得以提升，或者工作能力得以增强。如果是小件的消耗品，客户购买之后也许很快消耗；如果是大件的产品，则客户往往要花费很多钱来购买这件商品，在做出购买决定之前，也会更加理性慎重。作为销售员，当然想要促使客户尽快做出购买决定，也让交易顺利达成。然而，一味地催促客户购买并不能起到什么作用和效果，最好的办法是帮助客户憧憬拥有产品后的美好生活，甚至以生动的语言为客户描述拥有产品后的高品质生活，这才更容易让客户心动。

有一句广告词叫作"心动不如行动"。的确，如果每个客户都能先心动，而后当机立断付诸行动，那么就会效率倍增。遗憾的是，真正把心动转化为行动的客户，少之又少。从本质上而言，每个人都是这个世界上独一无二的生命个体，即使对于同一件事情，不同的客户也会有不同的反应和处理方式。在这种情况下，销售员当然要给予客户引导，如果销售员的语言更加生动形象，还能为客户的想象铺平道路。当然，为了让客户的想象力循着特定的轨迹，销售员还要以语言约束客户的想象力空间，从而让客户的想象更加符合销售员的预期，也真正实现销售的目的。但是，客户和销售员一样是独立的、鲜活的生命个体，他们并不会完全遵循销售员的引导去思考和想象。为了改变这种情况，销售员面对客户的时候不要急于展开引导，而是可以激发客户的想象力，从而让客户憧憬对产品的拥有，也意识到如果没有这件产品，他们的生活品质会大大降低，或者有其他方面的损失。这样的前后对比之下，客户对于产品当然会有更大的期许，也会更加渴望得到该产品。

此外，为了让客户心动，销售员不要口若悬河、滔滔不绝。而是要以精练的语言帮助客户进行分析，这远比如同唐僧念经一样说些废话效果更好。如果条件许可，销售员在给客户演示产品之后，还可以让客户亲身体验产品的性能和功效。换言之，哪怕销售员说一百句话说服客户，也不如客户亲身体验几分钟更有效果。当然，在介绍产品的时候，销售员还应该有序地组织语言，并且配以抑扬顿挫的声调，从而把客户带入想象中的美好生活中，这样客户的想象力就会长出翅膀，也会点燃客户心中对产品的热情。

作为一名空调推销员，小米对来到门店的客户，总是简单地以几句话向客户介绍空调的性能，顶多再打开样机让客户感受一下空调的凉爽，就再也没有其他销售技巧了。因此，虽然炎热的夏季已经到来，但是小米的销售业绩却始终处于低迷的状态，根本无法成功地推销出去空调。小米感到很纳闷，也很苦恼，尤其是看到和她同期进入公司的同事都已经卖出去十几台空调了，她简直心急如焚。

一天中午，其他同事都去吃饭了，只有小米和经理在店里守着，等着接待客户。正当小米望眼欲穿的时候，果然来了一个客户。这个客户是一名中年男士，热得满头大汗，急急忙忙打开店门，进入店里感受清凉。小米迎上去，对中年男

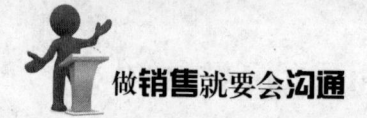

士说:"您好,先生,您需要看看空调吗?"男士点点头,指着一款空调问小米:"这款空调的制冷效果怎么样?"小米笑着说:"制冷效果非常好,肯定比不开空调凉快多了。"男士对小米的回答不太满意,反问:"和不开空调有可比性吗?我是问这款空调与其他空调相比,制冷效果如何?"小米说:"很凉快,空调的功率大,制冷也很快。"男士看了看小米,转身去看其他的空调了。

经理看出小米的问题,赶紧走到男士身边,对男士说:"这位男士,您看中的那款空调是我们店里卖得最好的,也是如今性价比最高的。您想想,这几天都38度高温了,工地都停工了,怕工人中暑。这款空调最大的卖点就是能够手机遥控,您想想吧,当您大汗淋漓从热浪中抽身,推开家门的一瞬间,屋子里的凉气扑面而来,简直是透心凉,岂不是一种享受吗?和传统的空调只能到家再打开相比,无须等待,手机按键就可以操作,这简直是空调界的革命啊!而且,这款空调是新款,也是主打款,正在搞促销,性价比很高呢!"

在经理的一番描述下,男士想起自己刚才从室外进入空调房间的舒爽,不由得点头称赞,说:"这样的确方便很多。"在和经理确定完送货时间之后,男士当即付款,购买了两台空调。

当客户预见到产品的确能够改变他们的生活品质,也在心中想象购买产品之后的美好生活,他们就会对产品心动。真正优秀的销售员,要会为客户造梦,也要激发客户的想象力,让客户对产品充满憧憬。唯有如此,客户才会从被动购买转化为主动购买,也才能让销售进展顺利。

当然,打铁还需自身硬。销售员要想激发出客户对产品的憧憬,首先自己要认可产品,也要相信产品的品质。一旦销售员过于夸大产品优势,就会失去客户的信任,也会导致销售工作进展艰难。所以,销售员了解产品,相信产品的品质，也确信产品能够提升客户的生活品质，这才是最重要的。为了加深对产品的理解，销售员还可以亲自使用和感受产品，从而在对客户介绍产品的时候更有底气。

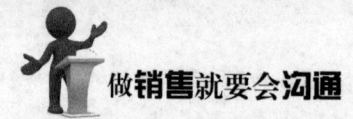
做销售就要会沟通

4. 讲好产品故事，将品牌发扬光大

要想成为一名优秀的销售员，必须学会讲故事。很多时候，枯燥地介绍产品，或者一味地催促客户购买，并不能让客户主动打开钱包。当然，这个故事并非空穴来风，也不是随意编造出来的，而是要根据客户的实际情况，为客户量身定做。每个客户的脾气秉性各不相同，在成交时的心理预期也是不同的，所以对于故事的要求也很高，不但要求故事能够打动客户，而且要求客户因为故事而心动，甚至为此对产品产生强烈的期望和憧憬。只有这样的故事，才能起到预期的效果，也为销售工作的推进做好铺垫工作。

当然，给客户讲个童话故事是不行的，即使真的要讲童话故事，也要把销售理念渗透到故事中去。最好的故事是销售员的亲身经历，当然，为了起到良好的效果，销售员还可以适度地渲染故事。当销售员把故事的卖点与客户的核心需求结合到一起时，则不需要再对客户展开销售的启发和引导，也许客户就会主动了解产品的信息，从而主动购买。

当然，每家企业都有自己的文化和氛围，尤其是一些大企业，仅仅是品牌价值就不可估量。作为一家品牌企业的销售员，还可以把品牌的理念融入产品中，这样会带给客户心灵的震撼，也会让客户对产品产生热情。正是在这样的理念影响下，如今很多产品的广告都拍摄得非常唯美，富有意境，广告不再以碎片式的图片呈现在人们面前，甚至不经意间看到一个广告，人们还会误以为是进入了某个大片的片头。最经典的就是五粮液的广告，整个广告就像某个古装影视剧的一个唯美场景，广告中的每个人都穿着布衣长衫，看起来裙裾飘飘，体态轻盈，再配以青翠的竹林，无疑是极富古典气息和文化底蕴的。这样的广告看起来让人赏心悦目，也会情不自禁地走入由画面而营造的故事情节中，令人耳目一新。初看这个广告的人，一定不知道这是广告，反而无比期待接下来的精彩情节和视觉盛宴。这是一则非常成功的广告，以音乐和画面为客户讲述了关于五粮液的故事，也让客户对五粮液心动，印象深刻。

当然，销售员不可能去花费大量的金钱制作这样一则广告，但是只有拥有这样的意识，在与客户进行沟通的时候，才可以给客户营造这样的广告氛围，为客户讲述广告故事。总而言之，要把销售与产品相结合，要把故事中的人物与客户对号入座，这样才能吸引客户的注意力，打开客户的心扉，满足客户对产品的心理和感情需求。有的时候，为了把客户成功带入故事情节，销售员还可以编造出一个与客户在享受中拥有相同的身份和相似的情感需求的第三方，这样客户就会情不自禁地对号入座，也会把第三方的收获和美好体验套用到自己身上。这样一来，客户必然会怦然心动。

周末，丽珠去商场购买化妆品。她的皮肤敏感细腻，因而容易过敏。所以，丽珠对化妆品的第一要求就是不要引起过敏，最好是纯天然成分。丽珠在商场中化妆品的柜台前走来走去，最终才找到一份合心意的化妆品。然而，她还是有些犹豫，担心临时的试用不能代表未来也不过敏。

负责接待丽珠的销售员第一时间给丽珠讲了一个故事，打消了丽珠的疑虑："您知道我们的品牌创始人，为何要创立这个品牌吗？"丽珠摇摇头，销售员接

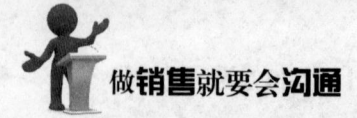

着说:"就是因为他深爱的太太很容易皮肤过敏,几乎不能使用任何化妆品。所以他才尝试着以纯天然的植物为原料,调制出最适合太太肤质的化妆品。从此之后,他的太太只使用他开发研制的化妆品,再也没有过敏过。"这个品牌故事深深地打动了丽珠的心,因为这个品牌是因爱而生的品牌,而且经过品牌创始人的太太亲身的使用。为此,丽珠笑着对销售员说:"希望我也不过敏,沾沾这份爱情的福泽。"就这样,丽珠高高兴兴地购买了这份化妆品,还再三感谢销售员为她讲述了这个故事呢!

美好的品牌故事,把丽珠带入了美好的情境中。在销售员有些煽情的讲述中,丽珠心中的公主梦也被激活了。有一个人爱自己,并且为了自己的敏感肤质研制出化妆品,这个故事听起来就非常美好、浪漫而又唯美。在这种代入感很强的故事中,丽珠必然会心动,马上就选择了这份饱含爱情的化妆品,也给予了自己一份贴心的爱。

销售员既可以以自己的亲身经验为故事,讲给客户听,也可以根据客户的心态有针对性地去创造一个故事,从而激发起客户对于产品的好奇心和热情。只有如此,销售员才能促使客户尽快成交,也才能激发起客户对产品的信心,让客户主动选购产品。

5. 不掩饰产品缺陷，但需要解释清楚

销售员被客户质疑有很多原因，前文只说了态度方面的原因，实际上，产品的质量等也是客户最为关心的问题。大多数客户对销售员不满，或者感到有疑虑，不能放心地托付销售员，都是因为对产品的质量、性能等有所疑虑，无法完全放心。这个世界上，没有绝对完美的人，也没有绝对完美的产品。再好的产品也会存在瑕疵和不够完美的地方，面对客户的异议，销售员一定要正面对待，理性对待。否则，销售员越是逃避，反而越容易给客户以不安全的感觉，导致客户更加质疑销售员和产品。

对于产品客观存在的瑕疵和不足，销售员不要刻意回避，尤其是当客户已经把自己对这种不完美的担忧和疑虑说出来的时候，销售员一定要正面面对。其实进入更高层次的销售员，甚至在客户还没有针对他们进行提问的时候，就主动告诉客户产品有哪些不足。这样客户反而对销售员更加信任，也因为销售员是客观对待产品的，因而更愿意相信销售员的话。当销售员与客户之间建立信任之后，接下来的销售工作会进展更加顺利。

近些年来，因为雾霾问题严重，空气质量堪忧，所以很多客户都会购买空气净化器。尤其是担忧装修污染的客户，更是会慎重地选择空气净化器，这样才能

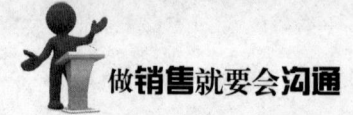

保证全家人身体的健康。

李伟就是一名空气净化器推销员。和大多数推销员只会介绍产品的基本功能不同，李伟曾经在空气净化器的工厂工作过，所以对于空气净化器的原理很清楚。有一天，李伟接待了一名客户，这个客户对两个不同型号的产品非常犹豫，不知道自己到底应该选择哪一款。看到客户拿不定主意的样子，李伟认真细致地对客户说："我曾经在空气净化器的工厂里工作，很清楚净化器的制造原理。您看的第一款，净化空气效果不错，家用完全可以了。不过，它能辐射的面积有限。它的优点是样子精巧，看起来非常美观。我想，您肯定留意到第二款，这是因为第二款更偏向于工业使用，所以辐射面积更大，净化功能更强，不过第二款外观不如第一款。此外，第二款是复合碳层，这种制造方法在增强了净化能力的同时，也会有一定的弊端。因为复合碳层是用环保的胶粘起来的，双重净化，吸附能力更强，如果在比较潮湿的空气中，大概使用三个月后会有一些酸臭味，需要拆开把碳层拿出来暴晒，让其再把吸附的东西挥发出去，从而实现可持续性使用。"李伟的一番讲解让客户心服口服，不停地点头。

最终，综合客户的情况，李伟推荐客户购买第二款空气净化器。因为客户是新家装修完着急入住使用的，前三个月应该污染最大。客户非常满意，也觉得李伟分析得头头是道，因而马上听从李伟的建议，购买了第二款空气净化器。

作为销售员，李伟无疑是专业的。面对客户的疑虑，他能够把两款空气净化器的优缺点都坦然直述，毫无疑问是抱着对客户负责任的态度。正是因为李伟自曝其短，并没有单纯地告诉客户第二款空气净化器的强大功能是无敌的，而是告诉客户第二款空气净化器也有弊端。这样的中肯分析，让客户对李伟更加信任，也促使了交易的顺利达成。

所有产品都有缺陷，世界上根本不存在绝对完美的产品。客户要想在这些产品中做出选择，最重要的在于权衡利弊，确定自己更喜欢哪一款产品，也更看重哪一款产品的功能。只有在综合比较之后，客户才能做出理性的选择。作为销售员，千万不要误以为隐瞒客户，就能哄着客户成交。这个世界是透明的，人心尽管复杂，销售员却要让自己被客户看透。因为唯有看透销售员，客户才更愿意与销售员成交，也愿意真正信任和托付销售员。也可以说，赢得客户信任是作为销售员的最高境界，而要想得到客户的信任就必须对客户敞开心扉，保证自己对产品的评价是客观公正的，同时也要给予客户最中肯的建议。

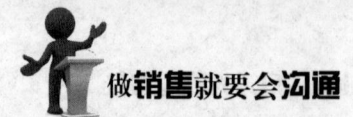

6. 消除顾客疑虑，时时处处为客户着想

销售行业与其他行业不同，其他行业里工作上的表现也与收入挂钩，但是未必有那么明显，或者彼此之间的联系没有那么紧密。但是销售行业则不同，销售员的收益与客户的成交额是成正比的，因此大多数销售员都是以促使客户成交，获得收益为目标的。在这种心态的影响下，很多销售员为了让自己的利益最大化，在与客户相处的过程中急功近利，甚至把促使客户成交作为唯一目的，也急不可耐地想从客户的腰包里赚钱。不得不说，这样的想法是理所当然的，但是一旦过度就会变得很危险。记住，没有人愿意被别人算计，尤其是客户，更不愿意自己成为销售员的利益载体。这就陷入了一个矛盾，一方面销售员要促使客户成交以获得利益，另一方面销售员要在客户面前掩饰自己的功利心，从而给客户留下好印象，才能让成交更顺利一些。对于很多销售员而言，这似乎很难，因为似乎心中所想与所表现出来的样子，是截然不同，甚至是完全相反的。其实，要想让心中所想与所表现出来的样子保持统一，也很简单，那就是完全放下功利心，用平和淡然的心态面对客户。正如古人所说的，有心栽花花不开，无心插柳柳成荫。销售员也要拥有这样的平常心，才能摆正心态，也给予客户更好的消费体验。

尤其需要注意的是，销售员尽管需要达成交易才能盈利，但是绝对不能以损害客户利益、欺骗客户等方式来达到目的。否则，一旦客户发现自己的利益受到

第六章 产品介绍：让销售口才为产品加分

损失，轻则对销售员的行为感到生气，失去对销售员的信任，重则还会让销售员赔偿自己的损失。当事情发展到这种地步，销售员无疑会陷入被动，甚至损失长久的利益。很多新的销售员，面对客户的质疑和否定，总是一副不以为然的表情，觉得客户杞人忧天，所以才会对小小的问题纠缠不休。实际上，客户无小事，销售员要对客户的所有疑问都慎重对待，这样才能以端正的心态为客户答疑解惑，也才能以优质的服务赢得客户的认可和赞许。不懂得维护老客户的销售员，对客户的疑虑置之不理，导致的直接后果就是失去客户的信任和托付。当客户再有同样的需求，或者身边有亲戚朋友也有同样的需求时，客户也不会再想起销售员。

作为一个很有头脑的经商者，乔治年纪轻轻就开始从事销售工作了。他在商海中的出色表现，与他拥有丰富的销售经验关系密切。也可以说，正是因为有了年轻时的历练，乔治才会成就今天的自己。

三十岁那年，乔治开了一家讨债公司。因为是新公司，而且在业内没有名气，所以乔治的公司开张后很长时间都没有大的主顾。乔治很清楚，在竞争激烈的现状下，如果想要经营下去，站稳脚跟，没有大客户是不行的。为此，乔治决定发展银行业务，因为他知道有的银行在贷款放出去之后，却收不回来，也是需要讨债的。但是显而易见，银行里衣冠楚楚的工作人员，没有人能干得了讨债的活儿，这也导致银行里的坏账很多。

如何推销自己呢？乔治辗转找到朋友的朋友，当他的推荐人。但是他很清楚，银行能否与他建立合作关系，并不在于推荐人，而在于他自己。为此，他在正式拜访银行的工作人员前，想了很久，该如何说第一句话，又该怎样在第一时间打动银行负责人的心。当他郑重其事地来到银行拜访负责人时，第一句话就说："您好，我是约翰介绍来的乔治，很高兴见到您。"显而易见，听到约翰的名字，负

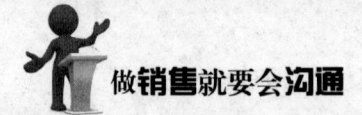

责人还是很重视。不过，他还是开门见山地问乔治："如今的讨债公司很多，您与其他公司有什么不同？"乔治没想到会这么快就切入主题，不过他已经做好了准备，因而从容地回答："每家讨债公司都要从追讨回来的钱款中抽成30%作为佣金，我觉得这种收费方式对于银行而言太不合理，毕竟银行的金额都很大。所以，我们公司特意推出了一项针对大客户的服务，那就是佣金按笔收取，也就是每要回来一笔钱，就收固定的费用，而且这笔费用并不高。"显然，负责人对于乔治所说的方式和收费标准很感兴趣，接下来问了很多乔治细节方面的问题。最终，乔治顺利与银行达成合作，每当有了欠款，负责人总是委托乔治收取。

　　乔治为何能够打动负责人呢？不是因为他有多么突出和出类拔萃的地方，而是因为他能够真正为客户着想。当听到乔治说出每笔抽成30%作为佣金的方式对于银行的大额欠款不合理之后，负责人一定心动，是因为乔治的话说出了他的心声。真正站在客户的角度，为客户着想，销售员才能成功打动客户，也才能赢得客户的认可和赞许。否则，如果销售员只想着钱，只想着让客户掏钱包，那么销售工作就会进展艰难。

　　很多时候，慢就是快。乔治降低了讨债的佣金，看起来是慢的，实际上他得到了银行这个大客户，长久地有生意去做，反而是发展和壮大公司的捷径。作为销售员，一定要把目光看得长远，不要鼠目寸光，只盯着眼前这点儿利益。当销售员为客户着想时，客户也感觉到销售员的体贴和用心，自然会对销售员刮目相看，这样销售自然进展顺利，很容易获得成功。

第七章
谈判口才：销售谈判更需要好口才

作为销售员进行谈判时，只有好的策略是不够的，因为口才是实现策略必需的途径和方式。如果没有好口才，销售员很容易陷入各种困境，也会举步维艰。尽管销售员未必完全依赖口才，但是没有口才对于销售员而言却是万万不行的。所以，要想在谈判中出类拔萃，销售员就要提升自己的语言表达能力，掌握更多的谈判方法和技巧，这样才能对销售工作更有助益。

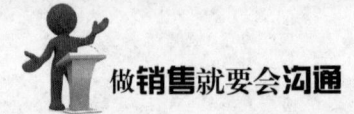

1. 销售谈判前一定要确定好目标

一个战士如果不知道自己的战场在哪里，当号角声吹响，他们只能拿着枪盲目地跟在战友的身后奔跑，根本不会有好的表现。在人生的战场上，有无数场战争，最重要的战争是对自己的战争。曾经有人说，"人最大的敌人就是自己，一个人唯有战胜自己，才能在人生的路途中有更好的表现。"销售员要想出类拔萃，就必须努力突破和超越自我。

当然，如果销售员始终处于松懈的状态，是无法成功突破和超越自我的。唯有不断地给自己制定目标，并把目标判定得比实际能力稍高些，即"跳一跳"能够着的程度，才能在奔向目标的过程中，不断地提升自我，让自己获得成长。归根结底，人生就是一个不断向上的过程。从这个角度来看，作为销售员，在谈判之初也要为谈判设定目标，这样才能向着目标不断前进。

很多人不理解设定目标的作用，自我标榜即使没有设定目标，也会不遗余力地奋勇向前。实际上，这样的奋勇向前带着些许随意。人的本能就是趋利避害，销售员也是如此。所以，每个销售员都不要过于相信自己的毅力，而是要认识到毅力固然重要，朝着目标前进才更重要。否则，如同散兵游勇一样面对人生，何时才能真正成功地突破人生的困境，来提升和完善自我呢？

一个人最可贵的是知道自己想要什么，这样明确的方向会指引着他在人生的

第七章 谈判口才：销售谈判更需要好口才

大海上不断地向前航行，也会最终帮助他超越自我，战胜自我，成就自我。目标正是如此。如果销售员不带着目标和客户谈判，而是怀着走一步看一步的思想，那么销售员很容易迷失方向，甚至让自己陷入被动的状态。

作为保健品公司的销售员，小溪每个月都会为自己设定销售目标，这已经成为她的一个好习惯。当然，除此之外，小溪每次与客户沟通的时候，也会设定沟通目标，从而在沟通中做到有针对性，效率倍增。

很多同事都纳闷小溪如何能够接二连三搞定一个又一个客户，实际上，一则是因为小溪的销售能力很强，二则是因为小溪善于设定目标。和大多数同事拜访客户漫无目的相比，小溪拜访客户的时候目标明确，而且总是拼尽全力实现目标。例如，小溪去拜访老年活动中心，想让老年活动中心向她订购一批保健品，作为给老年人过重阳节的礼物。小溪这是第四次拜访老年活动中心的负责人，但是还没有太大的进展。不过小溪不着急，因为每次拜访，她都能达到自己的谈判目标。这次，小溪的目标就是与活动中心的负责人共进晚餐，并且留下保健品给负责人试用。刚刚见到负责人，小溪没有直截了当表明目的，而是与负责人相谈甚欢。等到了午饭的时间，小溪自然而然邀请负责人共进午餐，也成功地把保健品的样品留给了负责人试用。这次拜访老年中心的负责人，小溪觉得很有成就感，也切实感觉到自己距离成功更近了一步。

只有在谈判前确定目标，谈判过程中才能始终牢记目标，也向着目标奋进，为了实现目标而努力。人生，最怕没有规划，不管销售工作多么艰难，只要销售员制订计划，步步为营，就能一步一个脚印地奔向成功。

销售员一定要记住，销售工作从来不是一蹴而就的。销售工作的对象是人，

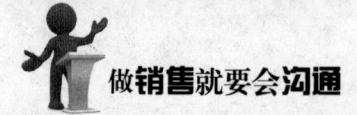

而既然与人打交道,就要讲究方式技巧,才能起到最好的效果。没有人能够只凭着自觉就完成人生的伟大梦想,销售员也是如此。每个人都是自由的,但是这种自由又是在规则范围内的自由,是在约束之下的自由。如果说人生是漫无边际的大海,那么方向和目标对于人生而言就是一种约束,否则,如何能够保持正确的方向,始终向着人生的目的地进发呢?因此,在设定目标的时候,销售员要考虑到自身与对方的利益,只有互惠互利,实现共赢,合作才能长久。此外,销售员还要注意,在与顾客打交道的过程中,要懂得以退为进的道理,秉持和气生财的理念,以积极的态度对待合作,以促成销售的顺利达成。

2. 销售谈判的基本原则——双赢

谈判的最终目的是能够达成交易，合作共赢。从这个角度而言，谈判的基本原则是合作共赢。而作为销售人员，在与客户谈判的时候，更要本着这个原则，否则前期的一切努力就都白费了。

通常情况下，销售谈判无外乎几个方面：产品的质量、数量，服务的时间、价格等。其中，在价格上达成一致，是谈判的终极目的，因为唯有价格一致，交易才能达成。否则，如果谈判进展顺利，最终价格却没有谈拢，那么只能导致谈判失败。

当然，在销售工作中，谈判并不都是正式的。有些大的企业要彼此合作，签订协议，是需要坐在会议桌旁边谈判很久的。但是作为推销员要把一个产品销售给客户，并不需要谈判很久，也不需要坐在会议桌旁进行正式的谈判。对于大多数销售员而言，与客户谈判，就渗透在与客户交谈的过程中。一名优秀的销售员，在闲谈之中就不知不觉地征服了客户，让客户既认可产品，也认可他们作为销售员的表现，从而达成交易。他们总是知道如何把产品的核心功能和优势与客户的真正需求联系在一起，从而把产品的优势转化为客户的利益，也让客户清楚地知道自己在购买产品之后，将会获得哪些好处，生活品质将会有怎样的提升。因为很少有客户能够亲自试验产品之后再购买产品，所以销售员就需要想方设法详细

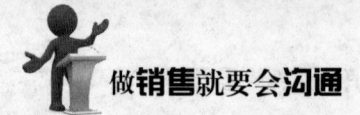

地向客户介绍产品,也让客户在没有亲身试验产品之前,对产品就有一定的了解。唯有如此,销售员才能以完美的消费体验,让客户主动成交,达成交易。

当然,当销售工作面临很大的困境时,销售员的工作重点就是找出能够让客户心动的因素,从而加强对客户的吸引。当客户突然拒绝产品时,销售员还要弄清楚客户为何突然改变。只有消除客户对产品的顾虑,客户才能改变心意,再次接受产品。优秀的销售员总是能设身处地地理解客户的想法,深入挖掘客户的需求,这样才能成功地激发出客户购买的欲望,也成功地调动起客户的购买兴趣。当销售员向客户推荐产品,而被客户拒绝的时候,销售员千万不要着急,也不要急功近利,而是了解客户的心思,也知道客户的初衷。如果销售员急功近利,会对客户出言不逊,甚至放弃继续说服客户购买,那么产品的优势自然就不可能转化为客户的利益了。

作为一名小家电推销员,张周每周只休息一天,其他的六天里都留在柜台旁,等着接待上门的客户。一天,有个老奶奶来到门店,说想购买一个微波炉。得知老奶奶的需求,张周赶紧推荐了几个最新款的微波炉给老奶奶。然而,不管张周介绍哪个微波炉,老奶奶都会摇摇头。张周有些疑惑:老奶奶到底想不想买微波炉呢?

在老奶奶的连续拒绝之下,他不知道该说些什么了。这时,他灵机一动,问老奶奶:"奶奶,您为何要买微波炉啊,是之前的微波炉被淘汰了吗?"老奶奶摇摇头,说:"我以前没用过微波炉,用微波炉还要懂得电脑吗?"听到老奶奶怯生生的提问,张周马上知道了老奶奶的疑虑:原来,老奶奶是因为不会用电脑,所以从未用过微波炉啊!为此,张周向老奶奶推荐了一个经典款的微波炉,这款微波炉不是电脑版的,而是机械版的。张周告诉老奶奶:"需要使用微波炉的时候，您只需要把这个按钮调整到低火、中火或者高火，再把时间的按钮调整到对应的时间就可以了。"老奶奶似乎有些不敢相信，反问张周："就这么简单吗？"

张周笑起来，说："奶奶，就这么简单。我给您推荐的是老款，是机械版的，操作起来比较方便。现在年轻人喜欢使用我一开始给您推荐的那种，不但时尚，功能也更多。但是，我觉得电脑版的对于您来说，使用起来不是很方便，还是这种机械版的更适合您。"张周的话打消了老奶奶的疑虑，老奶奶买了老款微波炉，高高兴兴地写下家庭住址，就等着送货人员给她送货上门了。

对于年轻人而言，机械版的微波炉也许根本不在他们的考虑范围之内，因为它不但样子老旧，很多功能也跟不上形势了。但是对于老年人而言，这样的劣势恰恰变成了优势，机械版的微波炉不但有利于老年人操作，而且价格也比电脑版的新款便宜很多，是非常实用且经济的。正是因为这一点打动了老奶奶，老奶奶才毫不犹豫地购买了微波炉。

作为销售员，都要弄清楚客户排斥或者喜欢一个产品的原因。尤其是当客户面对某个产品犹豫不决，无法第一时间下定决心购买的时候，销售员更要帮助客户分析购买产品的利弊，并且生动形象地把产品的优势转化为客户的利益，这样客户才会心甘情愿掏腰包购买产品，也才会对销售员留下好印象。可想而知，在这样的关系中，销售工作当然进展顺利。

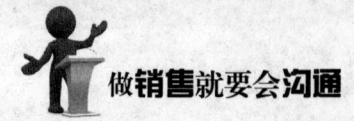

3. 良好的沟通氛围可助你一臂之力

在与人沟通的过程中，很多人对于尴尬和冷场深有感触，没有人愿意被尴尬和冷场打击，而是希望沟通氛围良好，每个人都高高兴兴、轻松愉悦。然而，很多时候事与愿违。作为销售员，尽管每天都需要与陌生的客户打交道，却发现并不能第一时间与客户之间建立良好的沟通氛围，也根本无法打开客户的心扉。如此销售员与客户之间进行顺畅的沟通，根本不可能实现。

如何营造良好的沟通氛围呢？很多销售员与客户沟通的时候，带着公事公办的态度，对客户不卑不亢，不冷不热。正如人们常说的，这个世界就是折射在每个人心中的样子。那么销售员如何对待客户，也会得到客户同样的回应。从这个角度而言，销售员要想得到客户的热情相待，就要热情地对待客户。反之，如果销售员对待客户很冷漠，那么客户对销售员也会非常冷漠。所谓种瓜得瓜，种豆得豆。在人际关系方面也得到了很好的验证。

前文说过，普通销售员与客户之间的谈判，并不会正式地在谈判桌旁边进行，而很有可能是在与客户沟通的过程中，就已经顺其自然地进行下去了。所以，销售员与客户说话的时候一定要认真细致，而不要觉得自己是在与客户闲谈，还没有正式展开销售工作，就对客户漫不经心。有很多方法可以营造良好的沟通氛围。例如，销售员先入为主把客户当朋友，只要不超越客户的界限，也不触动客户的原则，销售员轻松的交流一定会得到客户的欢迎。再如，还可以为客户讲述一个与产品有关的故事，当把枯燥的产品说得生动形象，相信客户是不会拒绝销售员的请求的。当然，凡事皆有度，过犹不及。销售员把客户当朋友，与客户轻松交谈，并不意味着销售员就不需要经营客户。把客户当朋友的经营，比普通的销售经营更微妙和更有效果。

当然，故事也有很多不同的方式。例如，销售员可以编一个故事给客户听，帮助客户转变消费观念，也可以把自己的亲身经历讲给客户听，从而打动客户。正如邓小平所说的，不管是黑猫白猫，只要能抓住老鼠的就是好猫。对于销售员而言，在给客户讲故事的时候，不管是怎样的故事，只要能起到应有的效果，就是好故事。

如今，生产和经营珠宝的公司越来越多，而且很多公司为了在竞争中取胜，都使出了浑身解数，恨不得第一时间就打动客户，也得到客户的认可和支持。有一家珠宝公司为了让每一位到来的客户都产生身临其境之感，特意给每一颗造型独特的珠宝都创作了特别富有浪漫主义气息的故事。例如对于婚戒，他们会编出关于爱情、感恩、守护的故事，从而使原本看起来平淡无奇的珠宝，瞬间变得富有生意，熠熠生辉。

有一次，一对年轻的情侣在买珠宝的时候发生了争吵。是因为女孩想要更大克拉的戒指，而男孩没有那么多钱，就情不自禁为女孩讲起草编戒指的故事。女孩还以为男孩不想给自己买戒指呢，当即生气地反驳男孩："如果你也想给我买草编的戒指，那还是不要结婚了，或者你找个稻草人女朋友配你那个草编戒指，会更好。"眼看着小情侣就要闹掰了，销售人员赶紧打圆场："其实，你们结婚买戒指，最适宜选购这颗戒指。这颗戒指的钻石尽管看起来没有那么大，但它是

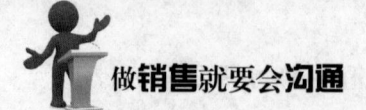

真正蕙质兰心。它的光面很多，看起来璀璨夺目，更重要的是，'钻石恒久远，一颗永流传'的传说，就是由这颗戒指的祖母而起。正是在那之后，人们才爱上戒指，也以戒指来作为婚礼上宣誓的标志。"听到销售员的解释，这对小情侣对这颗戒指的前世今生更好奇了。最终，在销售员编造的爱情故事中，女孩居然感动得落泪，再也不嫌弃戒指小了，反而更珍惜她与男朋友在一起的情谊。

沟通是需要氛围的，在煽情的氛围中，人们很容易感动落泪。在热烈的氛围中，人们很容易斗志昂扬，觉得自己肩负起了拯救世界的任务。和具体的语言相比，氛围具有更强烈的煽情作用，也会使人情不自禁地敞开心扉，内心变得柔软起来。

当然，精彩的故事固然能吸引客户的注意，营造气氛却并非轻而易举。销售员首先要成为一位语言大师，才能把原本干巴巴的文字说得生动鲜活起来，也要真正洞察客户的内心，才能消除客户心中的困惑和质疑。当然，编故事的能力并非与生俱来的，也并非朝夕之间就能形成的。在日常生活中，销售员就应该成为博学家，更多地读书，也要成为浪漫的作家，从而把从书本中看来的知识都吸收内化，变成如同精灵般的文字展现。销售员只有把销售工作做好，才能激发自身的潜能，真正地征服客户，让客户顺利成交。

4. 委婉含蓄，商业谈判中的金科玉律

在商业谈判中，开门见山固然是好的，可以直截了当直指问题的本质。但是，每个销售员负责的具体项目不同，每个客户的脾气秉性不同，包括销售员自身的性格以及他们对于销售技巧的掌握都是各不相同的，在这种情况下，未必每一种情况、每一个客户和销售员，都适宜采取开门见山的谈判方式。

销售员要以各种方式与客户沟通。在沟通的过程中，如果直截了当不能起到好的效果，销售员就可以调整思路，采取新的方式。简而言之，如果直路走不通，就可以走弯路，虽然迂回曲折，但是只要能达到预期的效果，就是好方法。尤其是在很多正式的商业谈判中，委婉含蓄是金科玉律，这是因为直截了当的谈判一不小心就会进入死胡同，连回旋的余地都没有。而委婉含蓄的谈判技巧，不但给了客户以思考的空间和选择的余地，也让销售员有了更大的空间可以回旋往复，从而及时调整思路。常言道，宽容他人就是宽容自己。对于销售员而言，宽容客户不但是宽容自己，还是真正解放自己。

近来，公司出了一项福利制度，即年龄35岁以下的年轻人，如果想提升学历，公司可以给报销一半的学习费用。为此，很多年轻人踊跃报名参加了，其中也不乏年轻人为了拿到报销费用，还想方设法去找人搞来发票，而实际上自己并没有

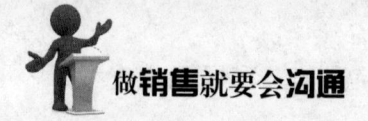

真正去学习。看起来,这样的年轻人很聪明,得到了培训费用一半的钱,实际上他们是聪明反被聪明误。在这些人之中,只有小爱真正报名参加了培训,而且学的是管理学,兼修谈判学。

最近这段时间以来,公司要与一个准合作伙伴展开谈判,确定最终的合作事宜。因为小爱曾经专门学习过商业谈判,为此领导特意安排小爱也参加谈判。果然,小爱在谈判中表现出极高的素养,没有像其他人那样对谈判生硬地争取,而是采取委婉含蓄的方法,使谈判取得了很好的效果。例如,对方公司希望小爱所在的公司让步,给他们更大的利润才能合作。谈判的队长赶紧直接否定:"不可能,我们已经做出了很大的让步,再也不能让了。"对此,小爱赶紧补充:"您也希望拥有更多的利润才能生存得更好,这个道理我们也是懂得的。不过,我们的利润真的已经压缩到最低了,我想您也不愿意失去我们这个合作伙伴,如果我们无法生存,您真的就没有机会再与我们这么优质的公司合作了。"虽然小爱说话的语气很舒缓,但是却绵里藏针,告诉对方公司的负责人他们已经到了生死存亡的关头,所以不可能一让再让。又因为先理解对方公司的苦衷,也阐述了自己公司生存的艰难,所以合情合理,鞭辟入里,起到了非常好的效果,让对方公司无言反驳。

正式的商业谈判,谈判人员往往会提前做好准备,确定谈判目标,也组织好谈判语言。但是,即便如此,谈判过程中还是会发生一些意外情况,谈判甚至有可能失控。在这种情况下,一味地与谈判对象展开肉搏战,显然是不可行的,最重要的在于调整好心态,掌握谈判的原则和技巧,才能在谈判中从容应对,游刃有余。

在语言交流中,尤其是在谈判这样剑拔弩张的语言环境中,一味地强取豪夺当然是不可行的。每个参与谈判的人都要牢记初心，知道单方的胜负输赢并不代表什么，最重要的是双方共赢。否则，如果以强势、骄傲在谈判中惹恼了对方，导致谈判不欢而散，谈判还有什么意义呢？

在语言表达的过程中，作为销售人员，一定要装饰自己生硬的语言，从而给人留下友好亲切的感觉。否则，如果总是说话生硬、铿锵有力，又充满着居高临下的意味，则会激起对方的逆反心理，引来对方的抗拒，这样还如何让谈判顺利进行下去，真正实现双赢呢？所以，明智的人不会在谈判中表现得过于强势，而是会尽量尊重对方，也促使谈判真正获得成功。

尤其是当谈判陷入困境的时候，谈判者还应该机智灵活，让冰冷的气氛冰雪消融。否则，谈判一味地僵持下去，只会导致结果越来越糟糕，也会使得一切都进展艰难，最终两败俱伤。谈判者一定要记住双赢的原则，才能在谈判中不忘初心，面对谈判过程中发生的意外情况，也能够随机应变，灵活处理和解决。

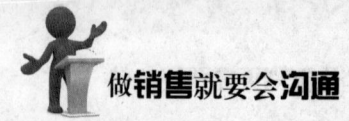

5. 抓住对方的软肋，掌握谈判主动权

在谈判过程中，要想更加容易地征服对方，获得胜利，就要懂得抓住对方的"软肋"。听起来，这很像是在要挟对方，似乎是不光彩的，但是商场如战场，商场更讲究实力，而不在于以感情获胜。尤其是在没有硝烟的战场——谈判桌上，销售员更要眼疾手快，抓住对方的"软肋"，才能加大力度推动谈判向前发展，也才能让销售进程加快。当然，这里所说的"软肋"，更类似于筹码，而不是采取不正当的手段逼迫对方就范。说是软肋，也要是光明正大的，这样才能用于谈判。

很多人都读过莎士比亚的《威尼斯商人》。在《威尼斯商人》中，有一个故事特别经典，也带给人们很深的感悟和领会。为了临时周转资金，安东尼奥向夏洛克借了三千金币，夏洛克非常狠毒，他早就看安东尼奥不顺眼了，因而坚决要求安东尼奥答应他一个苛刻的要求。这个要求就是：假如安东尼奥到了还钱的日子没有钱还，就必须用身体上的一磅肉作为偿还。安东尼奥实在没有其他的办法借到钱，只能答应了夏洛克的苛刻要求。夏洛克非常阴险歹毒，他还让安东尼奥立下字据，作为凭证。转眼之间，到了还钱的日子，安东尼奥的确没有能力还钱，为此，夏洛克拿出字据，与安东尼奥闹到了法院，也坚持要从安东尼奥的身体上割下一磅肉还债。

为了保护安东尼奥，鲍西娅亲自装扮成律师，为安东尼奥辩护。鲍西娅对夏洛克说:"当然,您完全有理由让安东尼奥偿还给您一磅肉,毕竟这里有字据,白纸黑字写得清清楚楚。不过,借据中只说明要让安东尼奥偿还给您一磅肉,并没有说要让他把命也给您。所以,您随时可以来割掉一磅肉,但是必须保证安东尼奥不会因此流血,也不会因此失去生命。所以,我想您最好请一名外科医生。"夏洛克歇斯底里:"但是,借据上没有说我邀请外科医生。"鲍西娅说:"当然,您也可以不请外科医生。如果您做得到不让安东尼奥流下一滴血,也不会要了安东尼奥的性命,您尽可以自己取下这一磅肉。此外,在割肉的时候,您可要看准了,只能是不多不少的一磅肉,否则你就违反了契约。"原本,夏洛克一心一意想要置安东尼奥于死地,现在却被鲍西娅伪装的律师说得哑口无言。最终,他权衡利弊,只好主动放弃从安东尼奥身体上割下一磅肉的歹毒想法。

鲍西娅之所以能够在谈判中获胜,就是因为她抓住了夏洛克自以为是凭据的借据,成功地从借据上找到夏洛克的软肋,那就是不多不少,正好一磅肉,也不能带一滴血,更不能伤害安东尼奥的性命。割一块肉下来而不流一滴血,夏洛克根本做不到,因此他只要割掉安东尼奥的肉,就会导致自己从主动变成被动,成为违反契约,要受到惩罚的那一方。其实,鲍西娅未免有些强人所难,但是对于夏洛克这种蛇蝎心肠的人,只有以这种刻薄的方式,才能制裁他,让他主动放弃自己的歹毒想法。

很多人都知道"以其人之道还治其人之身"的道理,但是在真正的谈判中,却未必能够做到。越是在情势紧张的谈判中,越是要找准对手的软肋,才能一招制敌。否则,一旦被对方占据主动,只会导致情况越来越糟糕。

对于一切形式的谈判而言,陷入僵局是让谈判参与者都会感到紧张和难以面对的事情。那么为了打破僵局,如果不想直接与对方反目成仇,以"子之矛攻子之盾"的方式,无疑是很好的谈判技巧,能让对方打碎牙齿往肚子里咽,有苦说

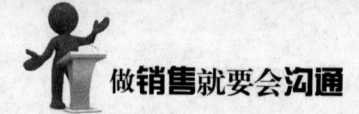

不出来。现实生活中,人人都有软肋。例如,夫妻之间打断骨头连着筋,软肋就是让夫妻牵扯不断的孩子。所以,作为销售员一定要更加用心细致地观察客户,也深入了解客户,才能在与客户进行谈判的过程中,针对客户的弱点展开攻势,也卓有成效地推进谈判顺利进行。

  需要注意的是,抓住对方的软肋,一定不要以不正当的手段逼迫对方妥协。而是抓住对方害怕谈判不能达成的心理,敦促客户尽快下定决心,从而快速成交。客户越是咄咄逼人,销售员越要保持冷静和理性,从容应对客户的进攻。记住,谈判的目的是达成合作,而不是让合作半途而废。作为销售员,如果不能把控谈判的局面,被客户的气势吓倒,那么或者吃闷亏,或者失去客户,这样的损失都是惨重的。

6. 合作细节，在谈判时一定要双方确认

谈判的目的是达成合作，很多谈判之所以进展艰难，甚至要谈很长的时间，才能商榷好细节，就是因为在谈判的很多方面没有达成共识。既然是合作，当然是要共同分享利益的。所以，在谈判桌上，尽管双方的目的是变成一个战壕的战友，却要在真正成为战友之前，先制定好合作的规则和利益分配。

谈判，在进展之初总是气氛融洽的，这是因为大多数谈判者知道未来会变成合作者，所以维持着表面上的客气。随着谈判不断向前推进，谈判越来越关注细节，也更深入，由此进入白热化阶段。在这种情况下，谈判双方都会打起十二分的精神对待谈判。正时，谈判容易陷入僵局。不过理智的谈判者知道，谈判的最终目的是合作共赢，所以他们往往也会主动打破僵局，让谈判继续往前推进。在这个阶段，不管作为谈判的哪一方，一定不要因为一时疏忽，就导致谈判失误。尤其是作为销售员，在与客户谈判时，千万不要为了促使客户尽早达成交易，就急于催促客户，甚至对客户大幅度让步。欲速则不达，销售员在与客户商榷细节时，就要做到面面俱到。而且，在谈判中口头上达成合作细节之后，还要落实到合同上。否则，如果说的和合同上的不一样，结果会比谈判失败更严重，因为每一方都要履行合同的约定。

然而，当谈判按照自己预想的方向不断向前推进，即将大功告成的时候，很

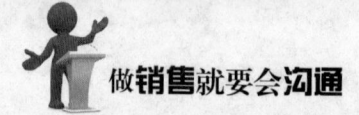

多人都会情不自禁地高兴起来，甚至得意忘形。在谈判桌上，最终因为一时的疏忽大意，导致无法弥补的损失。

作为公司的谈判代表，锐欧这几年在谈判桌上，获得了很大的成长。最近，公司领导特意安排锐欧去外地与一家合作的工厂谈判，确定最终的合作事宜。锐欧此前和这家厂子的一个负责人有过简单的接触，因而并不觉得这次谈判很难。即便如此，领导还是叮嘱锐欧一定要认真细致，千万不要在阴沟里翻船。其实，领导之所以这么说，就是害怕谈判会出现失误。

到达工厂之后，锐欧得到了负责人的款待，也感受到工厂还是很愿意与他公司合作的。不过，锐欧对待谈判依然一丝不苟。果然，负责人对锐欧运用糖衣炮弹策略，第一天的谈判虽然在一片祥和中结束，第二天的谈判却风格陡然改变，双方都想为自己的公司争取更多的利益。所以，和公事公办的谈判相比，锐欧觉得难度更大。又是一整天的斡旋，锐欧终于与对方达成共识，也觉得身心俱疲，所以晚上在对方的邀请下去了酒店吃饭，酒足饭饱之后还去了歌厅唱歌、跳舞。第三天上午签约，锐欧觉得脑袋还是昏昏沉沉的，因而看合同总是分心。这时，负责人说："合同都是按照咱们昨天说好的写的，难道您对于我们这点信任还没有吗？"锐欧觉得自己已经和对方那么熟悉了，再这样盯着看，显然有些不信任对方，为此只是简单核实了一句"和昨天说的一模一样吧"，就代表公司在合同上签了字。

等回到公司之后，上司发现锐欧签订的合同比预计的合同少了0.5%的利润，不由得勃然大怒。锐欧赶紧打电话去合作的工厂询问情况，负责人只是一味地打哈哈，根本不接锐欧的话茬。就这样，锐欧因为疏忽大意，真的阴沟里翻船，给公司造成了一定的损失，也失去了领导的信任。

第七章 谈判口才：销售谈判更需要好口才

在绿茵的球场上，最让人感到意气风发的事情，就是在挥汗如雨之后的临门一脚。这样的一脚无疑是畅快的，也是让人有很大成就感的。对于谈判者而言，也像是在踢球，如果对手强大，这场球踢得会很艰难，也由此反衬出在最后阶段，临门一脚的酣畅淋漓。作为销售员，也要不停地与客户踢球，进行心理上的博弈。而一切的付出，都是为了在最关键的时刻展示自我，获得成功。

倘若前面已经付出了很多，最终却在临门一脚上出现问题，无疑是让销售员感到很憋屈的。就像一个人用力地发拳，最终却发现打在自己身上，或者打在空气之中。这种突然失重的感觉，比在奋斗的过程中遭遇失败更让人难以接受。作为销售员，终极目标是促使客户成交，在最兴奋的时刻，一定不要忘记自己的目的。否则，就会事与愿违。

第八章
交易口才：成交往往决定于一两句话

仅从表面来看，交易是一个复杂的过程，需要付出很多的努力和辛苦，也要费尽口舌，才能让交易达成。有的时候，在付出很多努力之后，交易还有可能在关键点上功亏一篑，这让每个销售员都很苦恼：到底要如何做，才能让交易达成呢？实际上，销售员不但要关注到各个方面，尤其是在关于销售的谈判进入白热化阶段时，销售员更要谨慎地说出每一句话。因为成败往往取决于一两句话。不管是成功还是失败，都在于销售员怎么说，由此可见销售员真的要肩负起重要的责任，扛起销售的旗帜。

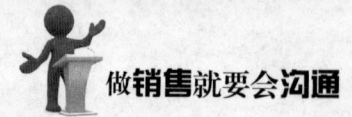

1. 把握成交信号，找到合适瞬间

作为销售员，最害怕听到的是什么话呢？大多数销售员回答，那就是在销售即将成功的时候，突然听到客户说"考虑考虑"。很多事情都是讲究时机的，对于客户而言，在对产品心动的那一刻，也许买了也就买了，决定后，再给中意的产品交上定金，他们就不会再有其他想法，也不会总是对产品挑剔苛责。而"考虑考虑"则蕴含着无数风险，首先，也许客户会因为过了心动的节点，对产品再也没有购买的欲望；其次，客户的"考虑考虑"也是因为对产品的现状，包括价格、质量、功能等因素不满意。作为销售员，不要一听到客户说要"考虑考虑"，就马上放弃努力。当客户说出"考虑考虑"的时候，正是他们对购买犹豫不决，需要外部推动力的时候。

很多新手销售员，一旦听到客户说"考虑考虑"，就会马上放弃。而很多经验丰富的销售员却能从中看到成交的契机，所以他们会努力抓住这个机会，见招拆招。如果客户对价格不满意就解决价格问题，如果客户对产品的某项功能不满意，那么当即给客户介绍功能更全面的问题，这样客户自然退无可退，只能顺利成交。从表面看上去，销售员在这个阶段似乎有些咄咄逼人，实际上，销售员不但是在帮助自己，也是在帮助客户。仅仅以不动产近几年来的疯涨为例，那些曾经在销售员的催促甚至是"逼迫"之下成交的客户，如今都经历了不动产升值，

第八章 交易口才：成交往往决定于一两句话

家产也不知道翻了几倍。所以，如果他们还能想起那个曾经为自己服务的销售员，一定会对他们深表感谢。

有人说，每个人所看到的世界，就是世界折射在他们心中的样子。同样的道理，销售员看到的客户，也是客户投射在他们心中的样子。积极的销售员从客户所说的"考虑考虑"中看到成交的希望，消极的销售员从客户所说的"考虑考虑"中变得悲观沮丧。由此可见，销售员要想改变现状，就必须调整好心态。面对客户"考虑考虑"的托词，见招拆招，最大限度地激发出客户的购买潜能，让客户顺利成交。

作为一名房地产销售人员，小刘在二手房经纪行业已经有十年的从业经验，不但有高超的专业技能，而且在面对形形色色的客户时，也总是能够第一时间把握成交信号，促使客户达成交易。

有一个周末，小刘在门店接待了一对年轻的小夫妻。这对小夫妻其实一年前就在看房，之所以始终犹犹豫豫，不能下定决心购买，就是因为性格软弱，而且对于看中的房子总是觉得经济压力太大。果不其然，小刘在带着小夫妻看了几套房子后，他们马上又对其中一套房子感到满意。为此，小刘把他们带到门店，给他们进行购房预算。看到小刘写的预算，妻子马上又皱起眉头，说："太贵了吧，要是买这套，咱们还得借钱。"丈夫一听到妻子的话，也马上对小刘表示："我们再考虑考虑，有需要给您打电话。"小刘听到客户的推辞，丝毫也不气馁，而是直截了当地问客户："您是对房子还有什么疑虑，还是考虑经济方面的因素呢？"妻子回答："房子不错，就是我们手里的钱不够。我们只有六十万，买这套房子还得借十几万呢！"小刘找到客户担心的地方，斩钉截铁地对客户说："的确，这套房子的总价不低，但是您要看到它的性价比。说到价格，其实我最有发言权。

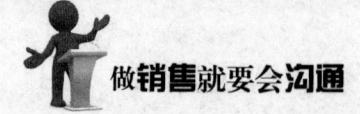

我每个月都成交好几个客户，在从业十年的时间里，经过我手买房的有几百个客户。他们之中，从未有任何人是因为需要借钱而放弃购买房子的。有因为借钱借不到才忍痛放弃房子的，既然您手中已经有了六十万，再去借十来万，应该不成问题。其实对于买房的年轻人而言，您能拿出六十万已经很富有了。"妻子有些心动，但是似乎还差点儿火候，依然不能下定决心。这时，小刘继续说："您现在买这套房子差二十万，也许您一年就能把这二十万积攒出来，但是等到明年您再来看房的时候，同样的房子也许相差就不止二十万了。到时候，您可能需要借三十万，甚至四五十万。不是有首歌里唱的吗，月亮走，我也走。您攒钱的速度，甚至还没有房价长得快。我的建议是，如果您真想买房，那就贷款买，借钱买，这样房子的价格才不会水涨船高，您到年底积攒的二十万也才能还入现在的房价里。"

小刘的一番话，让客户茅塞顿开。丈夫马上建议妻子："还是买吧，不然你看看，我们去年看的房子都涨价了。我觉得小刘分析得有道理。"妻子还是犹豫："如果不涨呢，借钱还得还利息啊！"小刘说："如果不涨，您也赚了个居住啊。提前享受，人生才有多少年呢？我以前也租房，真的是连喜欢的一个砂锅都不能买，因为怕没有地方放。我觉得，结婚成家之后真的必须有自己的房子，不然孩子出生怎么办呢？那么多东西可经不起天天搬家。"这些话恰恰说到妻子的心坎里，妻子的疑虑也打消了，尤其是在听到小刘说起孩子的事情，妻子更是迫不及待想给孩子安置一个家。就这样，小刘顺利与客户成交，让客户买到了心仪的房子。

如果不是因为小刘经验丰富，能够洞察客户在"考虑考虑"之外必有隐情，也许这个客户在回去考虑考虑之后，就把安家置业的事情又搁置了。其实，很多新手销售员在敦促客户成交时，都会有些心虚，担心客户会不会想到他们是为了赚钱才去催促的。实际上，只有改变心态，销售员才能与客户更好地相处。例如，作为房地产销售人员，敦促客户成交是为了让客户安家置业；作为保健品销售员，敦促客户成交是为了给客户带来健康；作为旅游行业的推销员，敦促客户是为了让客户走出家门，四处走走看看。总而言之，各种销售员都在推销自己的产品，那么首先要相信产品对客户的确是有帮助的。只有端正心态，他们才能自信地对待推销工作，也真正把产品送到千家万户。

常言道，打铁趁热。人是感情动物，思维带着温度。作为推销员，一定要把握住客户想要成交的关键节点，才能抓住时机，真正促使客户成交。否则，等到客户心中对产品的热情冷淡了，则推销就会显得很尴尬，甚至完全得不到客户的回应。当然，每个客户有不同的脾气秉性，也有自身的现实情况，销售员在促使客户成交时，一定要从客户的自身情况出发，最大限度地激发起客户的购买欲望。

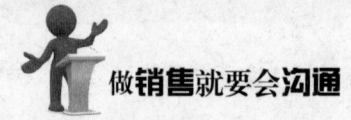

2. 面对犹豫顾客，语言促成交易

销售员最喜欢的是迅速做决定，而且明确知道自己想要什么样的客户。这样的客户没有更多的时间在各种同类产品中权衡和比较，因而他们会信任销售员的话，从而在短时间内迅速做出决断，达成交易。然而，没有任何销售员总是有好运气遇到这样的"短平快"型客户。客户的脾气秉性各不相同，每在这种情况下，销售员必须接纳各种类型的客户，并且从容对待不同类型的客户。当面对犹豫不决的客户时，销售员应该怎么做呢？

销售员要弄清楚客户为何犹豫，要找到症结所在，销售员才能有效地解决问题。通常情况下，销售员犹豫的原因无外乎以下几种，如对于产品的质量还有疑虑，或者不满意产品的价格，或者生怕自己花多了钱却没有买到品质最优的产品，因而想给自己争取更多的时间货比三家。当客户对产品的质量、价格等有疑虑，那么销售员要有针对性地做出回答。当客户是想要货比三家时，则对销售员提出了更高的要求，那就要突出产品的质量，强调产品的性价比，让客户觉得物超所值，这样交易才能顺利达成。

最让销售员郁闷的事情就在于，当他们口若悬河，好不容易把产品的各种优点、与众不同的特点都介绍清楚，客户却以一句"我再去别家看看"为由，拒绝了销售员的继续推销和促进成交。这种感觉像什么呢？就像销售员把拳头有力地

第八章 交易口才：成交往往决定于一两句话

打出去，却如同打在棉花上一样毫无回应。人，最可怕的不是遇到对手，而是有力气没地方用。为了不让自己的力气被空虚的黑洞吸收，销售员就要抓住客户的心，让客户忠诚地留在自己的面前。

作为一家净水器公司的推销员，亚飞每天都要接待很多前来选购净水器的客户。亚飞所在的公司主要生产高端净水器，因而也有一些客户在向亚飞了解之后，因为价格贵而找出各种各样的理由告辞了。

正值周末，到访的客人比平日里更多。亚飞接待了一名客户，客户在了解净水器的工作原理，亲自品尝了净水器中出来的水之后，对这一切表示很满意。唯独在说到价格的时候，客户情不自禁皱起眉头，思考片刻对亚飞说："你们的价格有些贵啊，我是在别家看过才来你家的，你家的价格翻一番了。"亚飞笑着说："哦，我明白了，您是'货比三家'才过来的。其实，我们的很多客户也会去别家比较产品和价格，但最终都回到我这里成交。原因就是我们的产品质量好，出来的水质更优质，所以客户最终只买对的贵的，不选择便宜的。我可以保证，在市面上的所有净水器中，我们的净水器是质量最好的。其实，您这么喝可能感觉不到，因为您在这个时间点只喝到了我们的水。我可以把我们的水用这个干净的一次性瓶子装满给您带上。我们对产品质量非常有信心，既不怕被货比三家，也不怕别人货比三家到我们家。您可以再比回去，喝一下他们的水，再喝一下我们的水，您马上就会知道谁家的水更甘冽清甜。其实，水是每天都要喝的，也是生命之源，很多东西都可以凑合，但是这种直饮水的净水器一定要用心选择，否则就会给身体带来危害，那就得不偿失了。"

在亚飞头头是道的分析之下，客户心服口服，直截了当地说："好吧，你这个丫头真能说，既然你敢让我货比三家再比回去，我也就不再白费力气了。这样

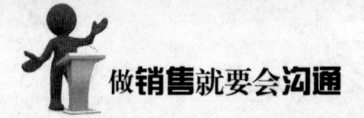

吧,你们价格这么贵,又说是统一价格,那就给我送个礼品吧,这样我也能心中平衡一下。"看到客户这么快就表示妥协,亚飞忍不住笑起来:"是啊,好货不怕比,其实我们就怕客户不比。因为只有比较,才能突出我们产品的优势。前段时间公司搞活动,有双立人的刀具赠送,我现在问问经理还有没有礼品,只要有,我一定给您争取。"客户忍不住哈哈大笑起来,说:"你这个丫头真会做生意,我可得感谢你。"

对于产品质量没有信心的销售员,一旦听到客户说要货比三家,就会很担心,也害怕客户一去不复返。正是在大多数销售员这种心态的衬托下,亚飞的不怕货比三家才显得这么可贵。其实客户也很清楚,一分价格一分品质,真正优质的产品是不可能以低价售出的。在这种情况下,如果客户想购买到优质的产品,享受专业的服务,只能说服自己接受价格。不过,亚飞作为销售员自信的表述真的很厉害,很容易就能打动那些理性客户的心,让他们意识到亚飞真的对自家的产品信心满满。

需要注意的是,当客户坚持要货比三家,不要一味地阻拦客户,否则即使拦住了客户的人,也拦不住客户的心。只要不成交,客户总有机会货比三家。销售员一定要尊重客户的选择,如果不能在最短的时间内让客户成交,不如主动提醒客户货比三家,反而彰显出品牌的气度。

对于客户的"货比三家",销售员还有很多具体的应对方法。首先,在客户犹豫的时候,销售员要以生动的语言把产品展示给客户,或者可以对产品进行演示,这样客户对产品才有更加深入的理解,也有助于客户接受产品。尤其是对于担心自己买贵的客户,销售员更要强调产品的性价比,让客户意识到自己没有多花钱,或者哪怕多花了一些钱,也是把钱花在刀刃上,购买到更好的产品或者良好的服务。性价比能够很好地安抚客户的心,这一点毋庸置疑。其次,当客户对产品或者服务提出某些特别的要求时,销售员一定不要排斥和抗拒,而要表示理解,也以最大的尊重和宽容对待客户。对能满足客户要求的,销售员要想方设法满足。对于哪怕想方设法也无法满足的要求,销售员可以理性地为客户分析,让客户知道没有任何同行的公司能够解决这样的需求,再加上动之以情,晓之以理,渐渐地,客户也许会接受销售员的建议,尽早下决定购买。

总而言之,客户在购买过程中表现出犹豫,完全是正常的,也是无可非议的。销售员催促客户成交要把握适当的度,既不要随随便便就放弃客户,也不要急功近利地催促客户成交。在客户表现出犹豫时,销售员要调整好心态,给予客户最专业、热情的服务,也给客户呈现性价比最高的产品,这对于客户而言才是最重要的,也是他们真正想要的。

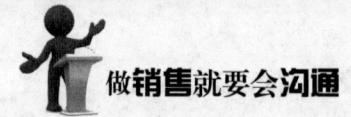

3. 巧妙运用交易让步的技巧

在价格上达成共识，是销售最终获得成功的关键性因素。否则，如果交易双方对于价格都没有谈拢，客户如何能够主动打开钱包，为产品或者服务付出金钱呢？尤其是当销售谈判进入关键节点时，对于价格的统一更加迫在眉睫。因为在谈判的关键点，也就意味着销售的成败，所以这也是销售员感到非常紧张的时刻。

如何与客户谈论价格，或者如何让客户接受价格，这对销售员是至关重要的。因为如果在价格方面谈不拢，此前的一切付出和努力都会白费，客户不愿意掏腰包，交易怎么可能达成呢？所以对于销售员而言，一定要弄清楚客户的心思，尤其是要了解客户对价格的期望，这样才能有针对性地，满足客户对产品的心理需求。

在谈论价格的时候，销售员有两个选择，一个是把主动权交给客户，如销售员问客户"您对于价格有什么期望"，这个问题一旦提出，就意味着销售员要更多地为客户提出的价格负责。当然，这么做也有一个好处，那就是当产品的价格波动较大时，销售员让客户主动出价，可以避免销售员把价格说得太高或者太低，从而给自己留下更大的回旋余地。另一个是销售员把握主动权，提出合理的价格。这种方式适合非常了解客户的销售员，因为这样才能说出最恰当的价格。不过，

第八章 交易口才：成交往往决定于一两句话

需要注意的是，哪怕对客户很了解，也不要把价格说得太低，因为客户还是要讨价还价，销售员就会陷入被动。

不管采取哪种策略与客户谈论价格，除了选择主动与被动的姿态之外，销售员必须努力提升自己的语言表达能力，从而在谈价的时候做到委婉巧妙，也不致于伤害客户的自尊心和颜面。例如，当说出价格之后，客户一定会觉得价格贵，这个时候销售员要理解客户讨价还价的心理，而不要生硬地对客户说："好东西的价格就是贵啊，这还不算最贵的呢，看看那一排货架上的产品，随便拿出一样来，价格都比这个产品贵很多。"也许销售员说的是真实的情况，但是这样的表达却会给客户很糟糕的感受，很多敏感的客户会觉得自己被销售员瞧不起和贬低，因而马上对这个销售员生出反感，甚至不愿意继续在这个销售员手中购买产品。假如，销售员这样说："您觉得产品贵是正常的，毕竟谁买东西都希望少花钱，买到最好的产品，我也一样。不过不同质量的产品，售价是不可能完全一样的。反过来想，如果产品的售价不同，则往往意味着产品的质量相差悬殊。您购买的是我们店里的中档产品，您看看，这个产品是价格很低的，相信您一眼就能看出质量的区别。还有，那边的货架上是质量更好的，不过价格也就高了。对于家用而言，您选择的这款中档产品就足够用了，如果价格比这个还便宜，那么质量也太差，我觉得您还是要考虑价格和实用性，以及产品的寿命等因素。"在这样一番合情合理的解说下，相信客户不会再觉得产品太贵，而是能够有效地权衡，做出合理的选择。

最近，机构正在展开促销活动，给予老学员学费八八折的优惠。为此，机构里专门负责销售课程的老师都在联系老客户，希望争取到老客户续费。亚米通过

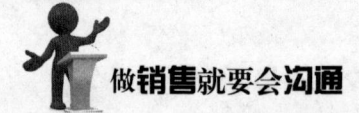

老客户的介绍,成功激活了好几个新客户。有个新客户正在着急地考察培训机构,从而确定培训的相关事宜,是个不折不扣的刚需客户。亚米最喜欢这样的客户,因为成交周期会比较短,客户比较好带,也很容易成功。

然而,在与客户谈得差不多的时候,进入了关键时期,因为客户问起培训的价格。亚米对客户说:"我们公司是连锁经营的,价格透明、统一。新客户目前享受九八折优惠。"客户有些惊讶:"不是八八折吗?"亚米笑起来:"老客户是八八折,前提是要在我们这里报名过培训课程的。新客户只能到九八折,不过也没关系,您下一次就可以享受八八折了。"听到亚米的话,客户显然很不满意,口中念念有词:"八八折我还能勉强接受,九八折太贵了,你们的定价原本就比别家贵呢。"亚米马上顺着客户的话说:"的确,我家比其他家都要贵一些。不过,我们是连锁经营,统一管理,对于师资力量等,都是有保证的。我们完全不同于加盟性质的培训机构,您一定不会因为选择了我们而后悔。"听到亚米这么说,客户的心似乎有些稳定下来,不过他还是迟迟不愿意去交费,因为他还是觉得有些贵。

亚米知道,自己必须做出一些行动,否则如果客户思考得久了,对产品的热情冷下来,也许这笔生意就会彻底告吹。为此,亚米对客户说:"如果您能定下来在我们这里学习,我去找校长帮您申请下吧。主要是介绍您来的王先生,是我们这个机构的老客户,看看校长能不能卖给他一个面子。那么您觉得,您能接受什么样的价格呢?"客户看到亚米说得合情入理,也慎重考虑了一下,说:"既然是老客户介绍的,就让我和老客户一个价格吧。"亚米很高兴,因为客户没有说"越便宜越好"。对于价格有目标的客户,销售进展反而更加顺利,因为价格是否可以,没有什么值得犹豫纠结的,也不用过多地纠缠于价格。相比起这种简

第八章 交易口才：成交往往决定于一两句话

单干脆的客户，那些对价格有异议却不直接表达出来，或者没有心理价位的客户，是更加难以成交的。

亚米高高兴兴地去找校长，帮助客户申请价格。得知这个客户的介绍人是公司的老客户、大客户，校长也很重视。在亚米的请求下，校长特批给这个客户九二折的优惠。亚米觉得有些为难，毕竟九二折比起八八折，还是差了一个档次呢！思来想去，亚米决定采取策略，促使客户成交。见到客户，亚米说："我软磨硬泡，校长终于答应给咱们九五折的价格。"客户一听到这个价格，马上表示否定："我不是说申请和老客户一个折扣吗，怎么才九五折呢？"亚米也对客户诉说了机构的价格都是透明公开的，很难改变。这个时候，客户说："那也别九五折啊，无论如何也得再便宜些。"亚米笑着对客户说："那我再去和校长申请下，不过您别抱太大的希望，能便宜多少是多少，如果不能便宜了，您也别怪我，好吗？"客户连连点头，其实亚米只是假装出去走了一趟，回来之后她佯装兴致勃勃地对客户说："太好了，校长答应给九二折。我都没想到校长能答应，就是去试试呢！"就这样，客户高高兴兴地以九二折的价格与亚米成交了。

亚米为何先告诉客户是九五折呢？是为了铺垫，让客户接受九二折的折扣。对于客户而言，不管销售员说出多么低的价格，他们都希望更便宜。经验丰富的销售员深谙客户心理，所以不会直截了当告诉客户最低价，而是先做出让步，从而让客户产生互偿心理，也因而提升之前预期的价格。如此一来，销售员把价格降低一下，客户把价格提升一下，原本巨大的差距就在彼此的相让中缩短了，销售自然也就更容易达成了。

当销售员不知道如何才能卓有成效地提升客户的心理价位时，采取这种交易

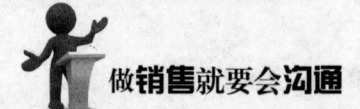

让步的方式往往会起到良好的效果。每个人都是有互偿心理的，当得到他人的让步时，也会情不自禁对他人做出让步。常言道，两好换一好。当销售员和客户彼此让步，他们自然就能彼此迁就，也向着成交的共同目标而不懈努力。

4. 如何让对方来适应你的价格

销售最本质的核心就是价格，很多销售员都会因为客户的讨价还价而苦恼不已，而价格恰恰是客户最关心的问题，也最容易引起客户与销售员的"软磨硬泡"。客户的心理很简单，就是希望花最少的钱买到最好的东西。因为价格问题与买卖双方的利益都密切相关，所以交易的成败往往取决于价格。作为销售员，要想让销售成功的概率更高，就要提升自己对于价格的把控能力，并且也能发挥语言表达能力，在销售过程中与客户更好地针对价格进行斡旋，达成一致。

有人说，不以结婚为目的的恋爱都是耍流氓。我们也要说，不以价格为基础的销售同样是毫无收获，也不可能有结果。作为销售员，不管采取怎样的策略与客户沟通，都要以把价格谈拢作为最大的目标，因为这样才能让销售获得成功。当然，不管是销售员还是客户，都不可能在交易过程中一味地让步。客户不愿意一直加价，把价格加到销售员的价格。销售员既不愿意也没有权限把价格不停地降低，直到客户满意。正是因为卖的想要卖得更高价钱，买的想要买得更便宜，所以才有买卖两个心眼的说法，也注定了谈价格必须双方都适当让步，才能最终达成一致。

大多数消费者觉得只有经过讨价还价，产品才是值得购买的。实际上，消费者在此过程中所追求的是心理平衡。也就是说，销售员无须把产品的价格降到最

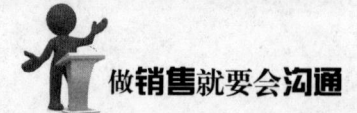

低,只要让客户找到心理上的平衡点,觉得自己花出去的每一分钱都是物超所值的,客户就会主动掏钱购买。然而,什么叫便宜,什么叫贵呢?这并没有统一的标准。所谓便宜和贵,实际上只是人们的一种感受,客户觉得物超所值,就是便宜;客户觉得付出与得到不成比例,就是贵。从这个角度来说,作为销售人员,要想让客户接受价格,认可价格,最重要的在于让客户把注意力更多地放在关注产品价值方面,从而觉得自己虽然多花了一些钱,但是得到了更好的产品和更优质的服务。唯有如此,客户才会主动成交,也才愿意花钱购买产品。

作为销售员,要想让客户主动适应价格,就必须把工夫花在日常的交流中,在平日里与客户进行沟通之前对客户进行各种疏通,也让客户意识到自己购买的产品和服务是物超所值的。具体到实践操作,销售员必须掌握谈判的技巧和方式,才能卓有成效地解决价格问题。

小云在一家品牌装修公司工作,在给客户解答各种问题的时候,经常会被客户问起:"你们公司价格太贵了,为何这么贵啊!"起初,小云总是再三向客户解释价格真的不贵,但是却没有起到好的效果,也为此失去了很多客户。随着经验的增加,小云渐渐摸索出一套完整的说辞,这种说辞非常有效,总能让嫌弃产品贵的客户,很快找到心理平衡,也顺利地达成交易。

这个周末,小云又接待了一对年轻的小夫妻。在谈判桌上,确定了很多细节问题,也解答了客户的很多疑虑后,小云对客户说:"目前正在搞活动,能够把装修的事情敲定,还是非常难得的。"没想到,女客户却说:"你家还是太贵!"小云对女客户说:"其实,您想一想,我家只比您说的其他家贵三万元钱。其他家二十二万元,我家二十五万元。但是我家用的东西都比其他家好,我家是明码标价,很多小的装修公司会调换东西。此外,我家的售后服务也有保障。您多花三万元钱，不但用到了更好的东西，而且也有售后保障，还是很划算的。尤其是您说马上想要宝宝，我们公司的材料都是环保、无污染的，对于全家老小的身体健康都有保障。您觉得呢？"小夫妻经过一番商量，决定还是多花钱买个心安，也选择信任小云和小云所在的装修公司。

在说服客户的过程中，小云用到了一个谈价的技巧。那就是她没有直接告诉客户他们家不贵，而是顺着客户的思路坦诚自己家的确很贵。但是，她巧妙地把总价变成了小小的差价，让客户意识到只需要多花三万元，就能享受到更优质的产品和更周全的服务，最终客户自己说服了自己，顺利与小云签约。

如果不是与别家比较，而就是觉得产品贵，销售员还可以引导客户说出对产品的预期价格，从而在与客户的预期价格进行比较的情况下，找出差价，从而成功地说服客户达成交易。这类似于心理学上的登门槛效应，当客户接受了一个价格，那么在此基础上再说服客户接受比预期价格更高的价格，只要所陈述的产品质量、附加值等都能让客户心动，那么客户就很容易接受价格。作为销售员，一定要引导客户更多地关注产品的质量、性能，以及优质的服务方面，而不要让客户总是纠结于价格。

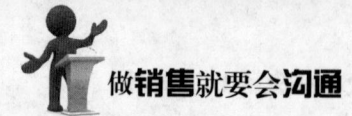

5. 欲擒故纵，让客户主动成交

作为销售员，追着客户、求客户成交的经验并不使人愉快。反过来，如果客户主动地追着销售员成交，则销售员一定会感到很高兴，甚至完全爱上销售。看到这里，也许有些销售员会说，这简直是天方夜谭，自古以来都是收钱的追着花钱的，哪有人会追着别人花钱呢？这还真是有。销售员只要采取巧妙的销售策略，就能激发起客户的购买欲望，让客户追着自己成交。

为了拥有如此美妙的销售体验，销售员一定要更多地了解销售产品，掌握销售技能，更要深入了解客户的心理，这样才能有针对性地，激发起客户的购买欲望，让客户主动成交。为此销售员必须把握好力度，才能既避免过度，又避免因为力度不够而影响成交。

常言道，物以稀为贵。东西越是少，越是价格昂贵；东西越是难得，越是价格昂贵；东西越是抢手，人们就偏偏越要买到。商场上典型的事例是苹果的营销。苹果就采取了饥饿营销的方式，每次新品问世，都会限量销售。东西卖得既贵，还不容易买到，反而更加激发起客户的购买欲望，导致很多追求时尚的人争先恐后、彻夜排队地等着苹果发售。以常规的思维来看，这无疑是很反常的，但是用心去想一想，这样的营销方式恰恰符合人们物以稀为贵的心理，所以才能起到如此好的效果。

第八章 交易口才：成交往往决定于一两句话

把这种心理运用到具体的销售中，再结合自身的销售情况，销售员就会有意外惊喜的发现。细心的销售员会留意到，越是推销力度大的产品，客户越是绕道而行，避之不及。越是销售员不愿意推销的产品，如某件产品脱销了，那么客户会更加强烈地抢先购买。他们总是认为，只有滞销的东西才会卖不出去，货源充足，而那些脱销的东西恰恰是备受客户欢迎的，因而他们也趋之若鹜。

在心理学上，还有一种从众心理。意思是说，很多人都喜欢随大溜，看到别人有什么，自己也要有什么。看到别人吃什么，自己也想吃什么。随大溜心理发展到极致后，如果看到有很多人在排队，他们也会跟着排队，而完全不管别人在排队买什么。听起来这很可笑，但是人的心理就是如此。既然饭总是抢着吃才香，销售员当然可以营造这种你争我抢的氛围，从而促使客户主动成交。

日日新罐头厂的罐头，好不容易才进入超市，得到一个比较好的展位，但销量并不好。这主要是因为日日新罐头在罐装食品中是后起之秀，还没有得到大多数人的关注。为了提升销量，改变现状，营销人员用了很多办法，但始终没有成效。后来，在一个营销人员的建议下，厂方决定铤而走险，即不做任何说明，就把罐头下架，让展位空置一个星期。要知道，在超市中寸土寸金的展位上，空置一天就要白白浪费租用展位的成本，也会让原本就萎靡不振的销量锐减。所以，厂家的这个决定的确是铤而走险，很可能让原本就不高的销量加速下滑，直至为零。

出乎每个人的预料，当初那个展位摆满罐头的时候，大多数客户从那里经过，都对展位熟视无睹。而当展位被空置，在众多摆放密密麻麻的商品中，空荡荡的展位却特别引人注意。这样过去了七天，很多客户都好奇这个空置的展位上曾经放着怎样的罐头。客户们绝没有想到，有哪个经销商会以这样的方式来吸引自己的注意，所以这个经销方式大获成功。第八天，罐头才刚刚上架，就吸引了大量

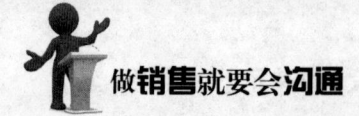

的客户，很快，罐头就被抢购一空。这次，罐头是真的脱销了，营销人员不得不在展位上留下告示，上面写着："因为销量太大，罐头已经脱销，厂家正在加班加点生产新鲜罐头，请新老顾客耐心等待。"看到这样的告示，客户们的好奇心彻底被点燃，恨不得第一时间就能品尝这美味得脱销的罐头。

这个销售案例无疑是成功的，而且非常经典。策划这场营销的人，正是把握住了客户的好奇心，调动了客户的欲望，才能让客户在紧张急迫的感觉中，恨不得第一时间就买到罐头，也能够大快朵颐一番。

不得不说，世界是很奇妙的，人心更是微妙。在很多销售活动中，有的销售员不遗余力地推销产品，最终却被客户质疑。而有的销售员则对客户不冷不热、不卑不亢，决不过分热情，而是对客户说："这个产品已经被预定了，您可以看看其他的款式。"听起来，这个销售员似乎怠慢了客户，而实际上他把客户的胃口吊得足足的，让客户只想第一时间就买到产品。不得不说，这种营销方式是非常特别的，能够让客户心中产生紧迫感，从而从被动购买转化为主动购买。

除了营造这种争抢的局面之外，销售员还可以以特价等方式促使客户购买，或者说产品再过几天也许会没货。这些对于真正想要购买产品的客户而言，都能产生良好的效果。当然，如果客户对于产品是否还有、自己能否买到等问题漠不关心，那么销售员一定不要使用这样的销售技巧和策略，否则，只会引起客户的反感，导致得不偿失。

第九章
售后服务：让好口才为售后服务扫清障碍

如今，各行各业发展迅猛，很多产品的生产都已经透明化，质量也相差无几。例如，海尔最早以生产电冰箱、冰柜为主，如今转战空调、洗衣机等家电领域，也取得了很好的成果。那么，海尔为何能够这么快就打开销路呢？其实这一切得益于海尔良好的售后服务。在专注于电冰箱、冰柜等产品之前，海尔就已经以服务好为口碑，在新老客户中享有很高的声誉。如此，海尔再进军其他领域，就可以沿着自己铺设好的道路，勇往直前。尤其是在产品同类化程度很高的今天，良好的售后服务几乎成为一家企业战胜同行的关键。如何为客户提供更优质的服务，如何对客户开展差别化服务，这对于企业而言是至关重要的。

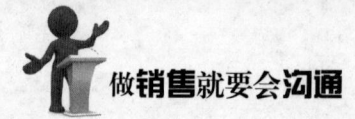

1. 真正对顾客负责，才能赢得信任

每个销售员都想赢得客户的信任，然而客户的信任比千金还重，所以并非每个销售员都能得到客户的认可和托付。销售员要想顺利展开销售工作，最重要的就在于对客户负责。如果销售员不能承担起责任，则后果会很严重，因为根本没有客户愿意信任他，更没有任何客户愿意与他有任何关系。

销售员到底要怎么做，才能更好地服务于客户呢？所以销售员不管使用怎样的技巧进行销售，都要以客户想买到符合和满足自己需求的产品为基础和出发点，才能满足客户的需求，符合客户的心理状态，最终打动客户的心，让客户快速成交。

真正能够打动客户的，一定不是销售员的花言巧语，更不是销售员的曲意逢迎，而是产品，因为产品才是客户的核心需求。作为销售员，假如不能以产品的优势打动客户，更无法以语言表达或者实际演示的方式让销售员知道产品能给它带来实实在在的好处，销售员就不可能让客户心甘情愿地掏出腰包里的钱，购买自己心仪的产品。这就是一个矛盾，要想解决这个矛盾，销售员必须深入挖掘客户的需求，让客户了解自己的内心，也知道自己真正追求和争取的是什么。在这种状态下，销售员与客户相处才会更加高效。

第九章 售后服务：让好口才为售后服务扫清障碍

王永庆是中国台湾大名鼎鼎的塑胶大王。实际上，王永庆并不是从塑胶业起步的，而是从大米业务开始经商之道。王永庆从小家境贫苦，因而没有读过很多书，也没有系统地学习知识，当初他之所以能从竞争激烈的大米业务中崭露头角，就是因为他能够真正站在客户的角度考虑问题，为客户谋求便利。

在那个年月，大米里还有很多沙子，家庭主妇做饭前必须把大米里的沙子一粒一粒地捡出来，再淘洗干净，才能下锅。最初开米行，王永庆生意惨淡，又因为米店的位置不好，所以每天门可罗雀。为了开展生意，王永庆推出免费送米上门的服务，还用小本子细心地记下客户家的大米什么时候要吃完了，再按时打电话询问，然后主动送米上门。后来，这种送米上门的服务每家米行都有了，王永庆的生意再次受到冲击。为此，他号召全家人清理大米，把大米里的沙子等都筛选出来。这样一来，家庭主妇们在做饭之前再也不用花费大量的时间和精力淘洗大米，米行的生意越来越好。

王永庆之所以能够取得这么好的发展，正是因为他始终没有忘记求索，努力挖掘产品的深层次价值。他全力以赴地为服务好客户而努力，最终得到了很好的收获。任何时候，作为销售员，要想赢得客户的信任，就要更好地为客户服务，始终理解客户，并能够真正站在客户的立场思考问题。也许有些销售员担心客户无法理解他们的苦衷，所以不愿意对客户付出太多。实际上，类似的担心完全是多余的，因为客户总是在用心感受销售员的服务。销售员一点一滴的付出，都会成功打动客户的心，也会赢得客户的认可和赞许。

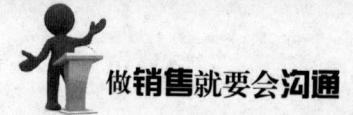

当然，无论销售员与客户之间的关系多么亲近，客户都会把握一个原则，即他们不愿意为了与销售员之间的所谓感情和面子，就购买自己并不喜欢、缺乏实用价值的产品。由此可见，销售员要以产品的质量、性能、价格等因素成功打动客户，最终促使客户心甘情愿地做出购买决定。

2. 有承诺，跟进才有效果

对于销售员而言，有承诺，跟进才有效果。如果销售员对于客户的回访工作仅限于给客户打个电话，说些不痛不痒的闲话，而没有把销售工作往前推动分毫，那么对于销售员而言，这样打电话就是毫无意义的。

销售员与客户的沟通，要逐步深入，这样才能一步一个脚印，稳定踏实地向前。如果只是做一些表面工作，则销售就会毫无进展，也无法对于销售员的进步和成就起到任何作用。为何要让客户做出承诺呢？承诺与跟进之间有什么关系呢？常言道，说出去的话，泼出去的水。现实生活中，尽管把说过的话抛之脑后的人很多，但是真正能够把说出去的承诺完全忘记的人，却少之又少。总而言之，有承诺，跟进才有效果，因为大多数客户一旦做出承诺，就要努力地兑现诺言。

人的自我约束力是很差的，大多数人没有那么自觉，能够在任何情况下不断地激励和鞭策自己，而当把心中所想的真正说出来，就会起到很好的效果，因为说出来之后，诺言就因为有了他人知晓，而变得富于约束力。特别是对于那些爱面子、重尊严的客户来说，这种办法是非常行之有效的。

在销售界，很多人都听说过格格的大名，这是因为格格的销售业绩总是同行之中最好的，是销售行业长盛不衰的佼佼者。

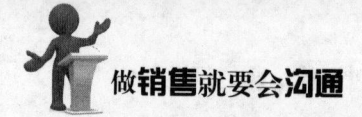

很多人都研究格格成功的秘诀，最终发现格格的客户数量在公司里并不是最多的，但是她的客户签约率却是最高的，而且成交周期也很短。同事们都觉得很纳闷，不知道格格有何销售技巧，居然能取得这样显著的效果。实际上，格格的销售技巧就是跟进客户，每次跟进都让客户做出承诺，从而使得客户言行一致。

例如，最近格格正在跟进一个大客户，这个大客户想买一套别墅。然而，格格为客户推荐了好几套别墅，客户都不为所动。唯独对于这个周末所带看的房子，客户觉得非常满意，却还是以"考虑考虑"为借口没有成交。对于客户这样的表现，格格意识到接下来自己必须发力了。格格的原则就是，当客户没有心仪的产品时，销售员要负责给客户找到合适中意的产品。当客户遇到心仪的产品之后，销售员就要负责催促客户成交。否则一旦过了最合适的成交节点，就会导致销售工作滞后，也会使得销售工作事倍功半。

和客户分开的当晚，格格就给客户打电话回访："您好，请问您看了今天的房子，觉得怎么样？"客户当然对房子很满意，这一点从客户的回答上就能看出来。然而，客户觉得价格太贵了。如果换作不熟悉客户心理的新手销售，一定会在客户说出"价格太贵"的意思之后，当即去和客户谈价。但是格格却没有这么做，她反问客户："您的心理价位是多少呢？"当客户说出心理价位后，格格继续步步紧逼，问客户："如果我谈到这个价位，您能购买吗？"得到客户肯定的回答之后，格格才去与业主谈价。

看到格格如此费劲地只为得到客户的一个承诺，很多同事表示不理解：不就是一句话吗？能有什么保障？学过心理学的格格知道，这可不是一个承诺那么简单。客户在把承诺说出口之后，就会产生压力，也就能主动履行责任。果然，客户在格格谈拢价格之后，主动向格格提出要约来房主，尽快签约。

如果不是让客户做出承诺,也许在价格达到客户的心理价位之后,客户依然不会购买。真正高明的销售员,在与客户沟通的过程中就会有意识地引导客户做出承诺。唯有如此,客户才能兑现承诺,也能够让自己的言行举止符合承诺的预期。

在一家企业中,曾经有一位高管针对公司里的中层管理者总是无法兑现诺言的情况,特意提出每次开会的时候,中层管理者要亲手写下承诺,并且当面读给他人听。一开始,很多人对于这种方法不以为然,觉得就是形式主义。一段时间之后,中层管理者兑现承诺,在规定的时间里保质保量完成工作的越来越多。最终,这家公司开始全面推行这种政策,目的就在于让中层管理者当众做出承诺,也必须信守承诺,兑现承诺。

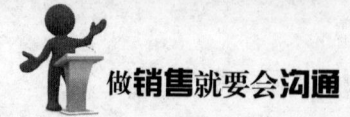

3. 有的放矢，区别对待客户

销售员对待客户一定要把握合适的尺度，不管是对客户居高临下，颐指气使，还是对客户交浅言深，都不是最好的选择。要想让销售工作按照预想的不断向前推进，销售员就要根据客户不同的脾气秉性区别对待客户。这样才能投其所好，也才能以有针对性的销售技巧，成功地打动客户的心。

每个人都是这个世界上独一无二的生命个体，销售员的工作就是要与形形色色的客户打交道，这样才能走入客户的内心世界。换个角度而言，如果销售员对待每个客户都采取一模一样的销售技巧，则只会导致销售工作无法进展下去，也越来越艰难。对于陌生的客户，销售员首先要与其套近乎；对于有一定关系基础的客户，销售员则可以相对放松。但是需要注意，不管是何种关系的客户，销售员都要慎重对待，都要讲究策略和方法，才能顺利地推进销售工作不断向前，取得进步。

尽管对待每个客户的方法是不同的，但在对待所有客户的过程中，却有一个共同点。那就是每个客户都喜欢赞美，只要销售员在与客户意见相左的时候，先认可客户的观点，再以合理的方式否定客户的观点，给客户以正确的引导，客户就能理性对待销售员，也会认真去思考。当然，有些人是非常固执的。他们不知

第九章 售后服务：让好口才为售后服务扫清障碍

道如何表达自己，更不知道怎样才能给予销售员最好的回应。然而，赞美能够化解一切。

很多销售员在与客户沟通的过程中，总是否定和抱怨客户，殊不知，这是最糟糕的相处之道。唯有先肯定客户未必正确的观点，销售员才能更容易打开客户的心扉，与客户友好相处。直截了当走入销售的核心地带，面对的也许是困境。在很多情况下，曲径通幽，迂回曲折，未必不是好的选择。明智的销售员会适度地保持圆滑，也以最积极的方式调整好自己的心态，从而才能在面对客户时始终保持适度，把握好分寸，而不会做出过激的举动。

需要注意的是，销售员在赞美客户之后，一定不要说"但是""可是"等转折词语，否则就会给客户带来极大的杀伤力，让客户丝毫没有兴趣继续听你推销产品。也许当销售员说完"但是""可是"之后，客户心中始终在回旋着这两个词语，甚至没有办法继续倾听销售员的其他话。为何"但是""可是"等词语的杀伤力这么大呢？是因为这样的词语转折的意味太过鲜明，也会让客户对此产生逆反心理。这也正是很多销售员明明已经赞美客户，却还是被客户拒绝的原因。对于销售员而言，不但要有一颗赞美客户的心，还要有一张赞美客户的嘴巴，如此才能恰到好处地赞美客户。

销售员要真诚地接受客户，真心诚意地赞美客户。当销售员学会接受、认同与赞美客户，他们与客户之间的关系就会出现神奇的改变。常言道，我手写我口。对于销售员而言，也要是我口说我心。也许销售员可以组织语言，但是细节却会暴露他们真正的内心。不管在什么情况下，销售员都要端正自己的位置，只有这样才能有正确的态度，也才能给予客户积极的回应和采取正确的解决办法。当然，为了更加深入地了解客户，让赞美恰如其分，销售员还要本着实事求是的态度对

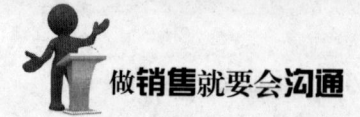

待客户。作为销售员,除了具备各种优秀的品质,掌握与客户相处的技巧和方法之外,还要具有钉钉子精神,每当在与客户交往的过程中遇到困难时,总是能够锲而不舍,勇往直前。

4. 跟进老顾客，创造再销售机会

很多销售员害怕开发新客户，但是，当面对老客户时，他们又总是缺乏耐心维护。不得不说，这样的销售进入了一个怪圈，因为他们一方面畏惧新客户，另一方面不愿意费心去维护老客户，久而久之，就会感到非常疲惫。每个销售员都要两条腿走路，既要维护老客户，又要开发新客户，这样才能保证客户源源不断。

老客户和新客户，是销售员开拓客户的最重要途径。其中，开发新客户的方法很多，而通过老客户得到新客户的关键，就在于维护好老客户。跟进老客户是需要耐心细致的，有一部分销售员在销售达成之后，觉得老客户对自己失去了吸引力和利用价值，就情不自禁地把老客户抛之脑后，扔到爪哇国去了。其实，只有坚持跟进老客户，才能更好地创造销售价值，也才能给予老客户更好的解决方案。

和开发新客户相比，老客户转介绍的新客户，成交的可能性会大大增加。这是因为有了老客户的介绍，新客户有了一定的信任作为基础，会更容易成交。如果销售不能抓住准客户，而一味地开发新客户，就会舍本逐末，也会导致本末倒置。获得一个客户是很难的，以专业和诚信征服客户，让客户在自己手中成交，也是很难的。既然有如此优质的客户资源，也切实以自己的服务让客户感受到优质，为何不利用好这些资源，从而把老客户激活呢？

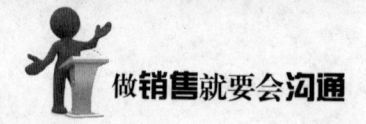

做销售就要会沟通

　　小罗和老公赵凯开了一家加工不锈钢护栏的小店，主要负责给周围小区的住户们安装防护栏。然而，小罗和赵凯文化水平都不高，工作上总是出错，这让小罗苦恼不已。

　　这不，附近的新小区开盘，小罗好不容易又拉来一单生意，给一户人家安装防护栏。赵凯因为活儿多干不过来，就分给其他家定做护栏的人干，结果导致护栏看起来特别粗糙，简直就像次品。一开始，客户看到小罗服务态度那么好，想谅解小罗。没想到，还有一个护栏的尺寸也错了，根本没法安装。这让客户非常恼火，当即对小罗说："我原本想忍气吞声，你们做生意也不容易，但是现在我觉得你们就是态度问题，所以你们要为自己的错误付出代价。我要求重新做护栏，如果你们不能做，做不好，那么咱们合作终止，我再找其他家做。其实你们找别人家做我也没意见，那你们收了我的钱，是不是要为我负责啊！"小罗觉得不能怪客户生气，客户说得也有道理，因而当即向客户保证："我们可以重新做，保证做好，赔钱我也认了，谁让赵凯干活太粗糙呢！"就这样，小罗马上开始重新做护栏。但是，这次做的护栏尽管不错，客户也不愿意再相信小罗了，等到其他房子装修时，客户重新找人做护栏，再也不愿意和小罗有任何合作。

　　每个人都要为成长付出代价，每个人也都要为错误负责任。事例中的小罗因为给客户做的护栏不过关，她以为自己只是损失了一些钱，却不知道自己失去的更多。原本客户还有房子要装修，如果小罗的护栏做得好，那么客户就可以继续与小罗合作。如此一来，小罗不但失去了继续与客户合作的机会，而且也失去了在客户心目中的好口碑。当身边有亲戚朋友还要装修的时候，客户也一定不会介绍给小罗。

对于每一个经验丰富的销售员而言，老客户就是丰富的宝藏。与其去挖掘新的宝藏，不如去努力地发掘老客户的资源。当然，新客户与老客户一手抓，这对销售员才是最大的进步。

即使在发现老客户不能成交之后，销售员也应该与客户之间保持良好的关系。对于销售员而言，每个人都是潜在的客户，销售员也只有眼睛里看到客户，才能以恰到好处的方式对待客户，也才能发掘客户资源，为以后的成交做好铺垫和准备。

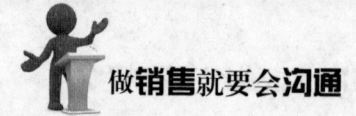

5. 有事没事联系一下，送去你的关心

友谊之树常青，只是人们对于友情的一种美好祝福。即使是在关系亲密的朋友之间，彼此也要常常联系，维持之间好感情，才能常来常往，礼尚往来。当销售员把客户当成朋友，自然也要与客户之间保持联系，经常联系，这样才能加深自己给客户留下的好印象，也为销售顺利达成做基础。

记住，客户绝不仅仅是销售员的衣食父母，还是销售员对于自我价值的体现和肯定。有的时候，一个客户给销售员带来的成就感无法用语言形容，从本质上而言，销售员与客户之间的销售活动，更像是一场心理上的博弈，也像是一场没有硝烟的战争。在这场战争中，销售员要想有好的收获，就必须内心强大，掌握销售技巧，提升销售的能力和水平，从而让销售进展顺利。

作为一名保健品推销员，赵佳磊维护的很多客户都是年纪比较大的，有大爷大妈，有叔叔阿姨。从事了一段时间的保健品推销工作，赵佳磊最大的感触是，这些老年人其实内心很寂寞。他们也许自己就有退休金，或者能够从子女那里得到一些钱，但是他们却很孤独，精神和感情无处寄托。哪怕是对于如同赵佳磊这样向他们推销保健品的孩子，老人逮到机会也会更多地交谈几句。

赵佳磊的一个客户大妈非常有钱，闺女儿子都在国外。但是，大妈也备受寂寞的煎熬，想念儿孙了，就隔着电脑屏幕看几眼儿孙。每隔一段时间，赵佳磊就会拎着水果等去看望大妈。渐渐地，如果赵佳磊很长时间没有来拜访，大妈心里还会有些失落呢。后来，大妈闲着没事，天天在小区里给赵佳磊开拓客户，不管是跳舞还是打麻将，也不管是唱歌还是闲聊，她都现身说法，把自己吃了保健品之后身强体壮的事情告诉每一个老朋友。有了大妈的代言，赵佳磊的生意越来越红火。

对于赵佳磊而言，他拎着水果去看望大妈，完全是出于真心。所谓有心栽花花不成，无心插柳柳成荫。赵佳磊的无心之举得到了大妈的真心认可。人与人之间，唯有真心真意地付出，才能感动彼此，赵佳磊做到了。

即使关系亲密的爱人，也需要经营好爱情，才能维护好婚姻；即使对于彼此亲近的朋友，也需要常来常往，才能保持友谊之树常青。没有任何一份感情，是不需要经营就能维护好的，深厚的感情尚且如此，更何况是原本作为陌生人的销售员和客户之间呢！明智的销售员不会吝啬小小的付出，而是会努力地付出，更加用心地经营好自己与客户之间的关系。很多时候，有付出也未必有回报，但是没有付出就没有任何回报。作为销售员，不能保证自己的每个客户都能成交，因此，就要更加努力，用心付出，才能取得成功。

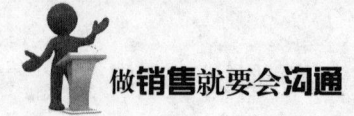

6. 把客户的异议转化为销售的卖点

这个世界上绝没有完美的人，也没有完美的商品。因此不管产品多么尽善尽美，客户总还是能挑出产品的不足之处，甚至是致命的缺点。在这种情况下，销售员要如何应对客户的异议呢？完全对客户的异议视若无睹，显然不是促进销售的好办法。真正高明的销售员，面对客户的异议会保持冷静和理智，让自己更加用心地思考，甚至把客户的异议转化为销售的卖点，这对于促进成交有极大的好处。

客户之所以对产品提出异议，往往是觉得产品不够完美。但是，当把客户提出的异议转化为产品的卖点，既消除了销售过程中的障碍，也成功地赢得了客户的认可和赞许，这当然是一举多得的好事情。

小丽是一名信用卡推销员，她每天的工作就是去各个写字楼里进行陌生拜访，推销信用卡。一开始，小丽不知道如何面对客户的质疑和拒绝，总是搞得自己非常被动。后来，随着工作经验的积累，小丽渐渐地摸出门道，再也不害怕客户的拒绝和质疑了。

有一个周二，小丽又去拜访客户。在进入写字楼九层的时候，她意识到自己来到了一家大公司，因为这个公司租下了整层楼。为此，小丽觉得很开心，就像看着一块香喷喷的东坡肉，只想大快朵颐。但是，这只是肉而已，还没有吃到自己的嘴巴里呢！为此，小丽先压抑着兴奋、喜悦的心情，开始拜访第一站——公司前台。正好是午休时间，小丽把信用卡推荐给前台的工作人员，前台文秘当即拒绝道："不好意思，我已经有好几张信用卡了，暂时不需要。"换作普通的销售员，一听到这样拒绝的话，也许会礼貌地告辞，但是小丽锲而不舍地告诉文秘："正因为您有好几张信用卡，您才更需要我们这张信用卡。"文秘迷惘地看着小丽，小丽笑着说："您有好几张信用卡，一定是因为一张卡用起来不方便。但是没关系，我们的信用卡就解决了这个问题，完美实现一卡多用。办理了我们的信用卡，您就可以给卡包瘦身，再也不用带着那么多信用卡啦！"说完，小丽还详细介绍了信用卡的作用。可想而知，小丽成功打动文秘，在文秘办理了一张卡之后，几乎不用小丽再多做宣传，就有好几个职员也在小丽这里办理了信用卡。

小丽的销售方法堪称一绝，她在被客户拒绝之后，没有放弃努力，而是凭着良好的口才，把客户对于产品的异议转化为产品的优点，从而成功地打动客户的心。这就是小丽作为销售员的高明之处，她冷静睿智，征服客户于无形，是非常优秀的销售员。

从某种意义上而言，销售员就是扮演为客户答疑解惑的角色，只有消除客户心中所有的疑虑，销售员才能成功打动客户。也只有完全消除客户疑虑的销售员，才能得到客户的信任和托付。每个销售员都要先争取当合格的销售员，

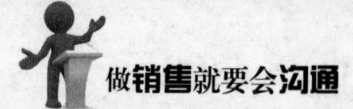

努力打消客户心中的疑虑,然后还要当优秀的销售员,把客户的异议转化为产品的卖点。只有做到这一点,销售员才能顺利推动销售工作不断进展,也才能在销售行业里不断地积累经验,成为销售达人。

第十章
回收货款：把话说出去，把钱收回来

作为销售员，不但要把产品售卖出去，还要懂得怎样催收货款。只有把货款收回来，销售员的销售工作才算真正完成，毕竟没有任何一家企业是完全的慈善机构，更不可能把产品无偿赠送给所有客户。在这种情况下，催收货款成为销售活动中至关重要的环节，也是销售活动能否真正圆满成功的标志性环节。

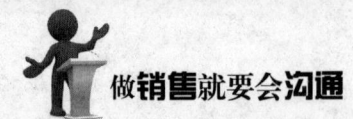
做销售就要会沟通

1. 提高催收货款口才技巧的心理准备工作

中国人是非常传统的,不愿意主动谈论很多关于隐私的话题,诸如爱,诸如钱。前者是浪漫的代表,后者是现实的符号。现代社会,没有爱的滋养,一个人也许可以苟延残喘地活下去,但是如果没有钱的支撑,则很难行走在这个社会。因而每一个优秀的推销员在完成推销活动的重头戏之后,还要完成销售的最后一个环节,那就是向客户把货款收回来。

很多人都看过黄世仁向杨白劳催债,觉得黄世仁是个恶贯满盈的恶霸,欺人太甚。不过,如今的债主绝非如黄世仁那样,尤其是销售员向自己曾经的上帝催要货款,就更要讲究方式方法,如此才能顺利地把货款要回来。不可否认,催收货款的行为受到很多因素的制约。例如,整个销售过程是否完整,客户对产品和服务是否满意,客户的现金流是否充足等因素,都会影响销售员能否成功回收货款。无数事实告诉我们,销售员催收货款之前的心理准备决定了他们催收货款的口才技巧发挥如何,也决定了整个销售过程能否圆满成功。当销售员把催收货款的话说得有技巧,也许就能顺利收回货款;而如果销售员把催收货款的话说得没有分寸,很有可能使这笔货款成为坏账。因此销售员催收货款时必须把握好度,把话说到客户的心坎里,也能让客户主动付款。

为了提升催讨货款的能力,销售员在正式向客户催收货款之前,必须掌握相

第十章 回收货款：把话说出去，把钱收回来

关的基础知识。简而言之，就是销售员要做好"说服"客户支付货款的准备工作，才能让说服水到渠成，也才能让客户心甘情愿地付款。是否做好充足的心理准备，是销售员在催收货款时发挥口才技巧的前提条件，也能有效地提升销售员的催收货款能力。常言道，心态决定命运。实际上销售员预先做好的思想准备工作，会对他们的语言表达、声调腔调等起到至关重要的作用。

首先，销售员在向客户催收货款的时候，一定要端正心态。常言道，欠债还钱，天经地义。很多销售员在向客户回收货款时，总是感觉低人一等，好像他们并非在收回货款，而是在拦路抢劫。毫无疑问，当销售员这种胆怯的态度被许多客户觉察时，他们就会抓住销售员的退缩心理，不断地拖延付款的时间，甚至萌生出想要赖账的想法。为何平时富有勇气的销售员一旦到了向客户要钱的时候，就这么自卑胆怯呢？这正是因为销售员没有端正心态，也无法做到理直气壮地面对客户。

其次，虽然欠债还钱，天经地义，销售员还是要端正态度。常言道，凡事皆有度，过犹不及。对于销售员而言，在催收货款时，既不要对客户低声下气，也不要对客户恶言恶语。虽然客户在购买产品或者享受服务之后，理所当然要付出金钱。但是，回收货款和回收欠款是不同的。回收货款是完全正当的商业行为，不过因为销售员面对的是客户，而不是欠钱不还的老赖，所以一定要调整好心态，对客户的态度不要过于恶劣。众所周知，买卖不成仁义在，何况是买卖已经成了呢？只有掌握催收货款的技巧，销售员才能把货款顺利收回，也才能照顾到客户的颜面，从而为未来的再次成交奠定基础。

再次，批量进货的客户往往是作为经销商存在，因而在购进货物之后，往往会想方设法尽快出手货物。在这样一进一出的过程中，他们才能赚取利益，所以对于他们而言，售出货物比退货更为有利。在这样的情况下，销售员在向客户催

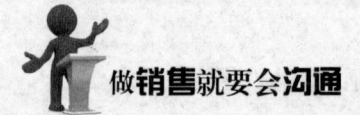

收货款的时候就要讲究技巧和方式，为未来长远的合作奠定基础。回收货款还要根据客户选择不同的方法，如此才能恰到成功。

最后，对于零售的客户，销售员在卖出产品之后，要尽快回收货款。如果不能全部收回，收回部分货款，也是可行的。这是因为从心理学的角度而言，客户对不属于自己的产品，往往吹毛求疵，而一旦他们为产品付款，就会把产品视为自己所有，有谁愿意对自己的东西挑三拣四地苛责呢？因而回收货款还有一个重要的意义，就是让客户对自己的东西越看越喜欢，不再挑剔和苛责。

很多销售员误以为催收货款就是一味地向客户要钱，是只对公司有利，而对客户无利的。其实，对于长期合作的客户而言，如果销售员不能及时催收货款，他们的钱也许会挪作他用，或者厂家因为不能及时得到货款，导致现金流紧张，只能向银行贷款。那么，如此一来必然会增加销售成本，也导致产品价格水涨船高。从长远来看，对客户的成交显然也是不利的。从这个角度来看，销售员催收货款不仅与公司和自己的利益密切相关，保证资金的良性循环，对于客户而言也是有很大好处的。

总而言之，销售员要端正心态催收货款，要相信自己的产品是值得客户付出对应价格的。催收货款时，态度既不能过于软弱，也不能过于强硬，只有做好心理准备，恰到好处地对待客户，才能让销售工作圆满结束，真正获得成功。

2. 沟通到位，才能让拖欠款再无影踪

语言是人际沟通的桥梁，然而，在现实生活中，由于沟通不到位而导致误解的情况时有发生。尤其是当销售员收回货款而与客户沟通的过程中，更是要不断地与客户进行交流与协调，才能在货款的相关事情上达成一致，从而让一切进展顺利。

正如前文所说的，催收货款时，销售员要提前做好心理准备，才能让说出去的话对催收货款产生积极的作用。要想做到妥善沟通，首先，要与销售员沟通到位，这样才能表达清楚意思，也不致于引起误解。其次，要让表达的方式恰到好处，起到预期的效果。常言道，会说的人说得人笑，不会说的人说得人跳。催款时，销售员一定要端正心态，有正确的态度，这样才能顺利地收回货款，也才能让销售工作圆满完成。

需要注意的是，货款和欠债是不同的。欠债的人在还钱的时候需要支付利息，而货款通常情况下是不需要支付利息的。这是因为销售员与客户之间是合作的关系，甚至是长久的合作伙伴，因而销售员既要催收货款，也要照顾客户的颜面，与客户更好地合作与沟通。此外，在合理的时间内正当地催收货款，还能对批量客户的销售起到积极的刺激作用。总而言之，作为一名优秀的销售员，不但要负责把产品售卖出去，更要负责把货款收回来，销售工作才算完整

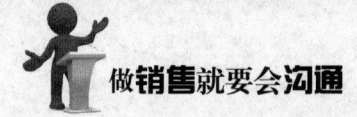

和成功。

当然，回收货款有一个最基本的情况，那就是要建立在客户有经济能力支付的基础上。常言道，巧妇难为无米之炊。如果客户原本就经济窘迫，没有任何支付能力，那么即使客户想要付清货款，也是心有余而力不足，这种情况很尴尬，需要销售员灵活应对，才能机智地想出合理的解决办法。当然，凡事都要防患于未然，销售员在与客户合作之前应该权衡客户的经济实力，这样才能有效筛选合作客户，也为未来圆满完成销售工作打好基础。

那么，对于有支付能力的客户呢？如何制约客户，让客户在拿到产品之后的一定期限内付清货款呢？口说无凭，立字为证。所以，在与客户口头上达成交易的初步意向之后，就要与客户签订协议，制定盟约。在合同中，尤其是要确定最关键的因素，那就是何时交付货物，何时结清货款。这样等到交易顺利达成之后，销售员只需要与客户按部就班地履行合同即可，减少了很多麻烦。就算客户想要拖延，销售员催收货款的时候也能底气十足，不再感到心虚胆怯。

在明白了上述关于催收货款的基本知识之后，销售员的口才发挥才更有针对性，也能起到良好的效果。所谓牵一发而动全身，销售员必须知道，任何小细节方面的偏差，都会导致催收货款出现失误。所以在催收货款之前，如果还不知道客户对付清货款的态度，销售员就要用心思考，组织好语言，只有这样才能与客户之间进行深入的沟通，满足客户的需要，同时达到自己的目的。

作为一名销售员，贝奇负责接触和联络的都是大客户，这样尽管每一笔成交的金额都很大，但是也生出一个问题，那就是他因为负责大客户，还要不停地盯着回收货款。拿不到货款，贝奇的业绩就是徒有虚名，他根本拿不到任何提成。

第十章 回收货款：把话说出去，把钱收回来

因而贝奇每次回收货款尽管也是出于工作的需要，但是更多的是出于自身的经济压力。

这个周末，贝奇最重要的任务是收回一笔大额货款。在见到客户时，贝奇先说了公司的规章制度等，但是客户不为所动，再三地说自己没钱。这个时候，贝奇只好先礼后兵，搬出来合同的条款。贝奇态度恳切地对客户说："张总，就算您不照顾我，按照合同约定也已经到付款时间了。合同都是迫不得已才用的，我觉得和张总也合作这么久了，您应该不是需要用到合同的人。当然，我也知道，当家难，您肯定也有一些为难的事情需要处理。这样吧，我再私自宽限您十天，我想办法回去和老板交差，您到时候把货款直接打入公司账户，好吗？"听到贝奇合情合理的话，张总没有反驳，而是当即感谢贝奇："很感谢你，你能这么理解我。放心，我一定在十天内把货款付到，不让你再白跑一趟。"就这样，因为贝奇主动退让一步，张总也采取了积极的态度解决问题。第九天，贝奇顺利拿到货款，在此期间他没有给张总打电话催促。后来，张总还成为贝奇的忠诚客户，只要有需要，就会找到贝奇订购货物，结算货款也总是说到做到。

是贝奇的理解和体谅，让张总感觉到贝奇和其他催要货款的销售员是不同的，所以张总才会认可贝奇，信任贝奇，在贝奇宽限的期限内付出货款之后，还主动与贝奇合作。这样的合作建立在相互信任和理解的基础之上，所以交往才会更加顺利。

催收货款尽管是销售工作中的收尾阶段，但是难度的确很大。这是因为销售员与客户的关系很微妙，虽然说欠债还钱是天经地义的，但是销售员却不能像要账一样和客户要货款，又不能没有力度，否则就会导致客户无限期拖

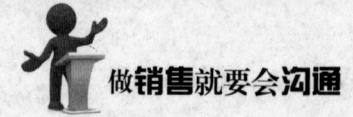

延下去。因而,销售员必须发挥良好口才的作用,把握好力度,恰到好处地催收货款,这样才能更顺利地回收货款,也才能经营好与客户之间的关系,实现长久合作。

3. 销售人员催收货款的基本策略

凡事都要讲究方法和策略,才能起到良好的作用和效果。如果像没头苍蝇一样四处乱撞,则会导致销售员做起事情来没有效率,只能误打误撞。销售员必须掌握催收货款的基本策略,才能在催收货款的时候,按部就班地按照策略去行事。

总体而言,催收货款的基本策略如下。首先,尽管客户是欠钱的,销售员是要债的,销售员也不能对客户居高临下,甚至不讲究方式方法地催促客户。客户是因为信任销售员,才与销售员做成生意,达成交易,因而不管客户因为什么原因没有及时付款,销售员都要尊重客户,始终把客户当成上帝对待,绝不与客户撕破脸皮,甚至导致自己与客户之间再也没有办法见面。毫无疑问,这种糟糕的结果只会让事情走入绝境,没有解决的办法。

其次,在催收回款时,要怀有感恩之心,感谢客户信任自己,把重要的合作机会托付给自己。任何一项生意都要实现可持续性发展,才能长远。销售员即使向客户催收货款,也要讲究方式方法,不要把此前辛苦与客户建立的良好关系破坏了。

再次,一个再高明的销售员,哪怕面对客户的时候巧舌如簧,在催收货款的时候也必须认真慎重。否则,销售员的某一句话说不好,也许就会导致工作失败。

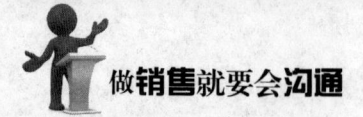

只有用心认真地说好每一句话,才能让催收货款的工作进展顺利。

最后,对于销售员而言,催收货款要想成功,最根本的在于客户要有经济能力支付。面对想还钱但是却没有支付能力的客户,以敏锐的观察力和洞察力,深入了解客户的经营和回款情况,就显得至关重要。例如,如果销售员接连几次向客户催收货款都没有取得良好的效果,都被客户以"没钱"搪塞过去,那么销售员就必须把功夫做得更深入和扎实。再如,通过多种渠道搜集客户的财务信息,知道客户什么时候会有款项的收入,这样把握好时机去催款、收款,就能取得良好的效果。如果有条件,还可以结识客户的合作伙伴,从而洞察客户的业务动向,也会对催收货款起到至关重要的作用。商场如战场,销售员既要把自己当成是销售员,也要把自己当成是战士。唯有在各种角色中转换自如,销售员才能更好地发挥自身的能力和水平,为销售工作的圆满完成奠定坚实的基础。

世上无难事,只怕有心人。作为销售员,除了要努力提升自己的销售能力,也要注重回收货款的工作。唯有如此,在销售工作中,他们才能两条腿走路,双管齐下,把工作做得更好。

当然,如果真的绞尽脑汁也没能把货款收回来,销售员还有最后一条道路可走,那就是诉诸法律。通过法律途径追讨欠款,既能保障自身的合法权益(贷款),又能不触犯法律。但需要提供相应的证明材料(如销售凭证、相关合同等),且要按照有关程序进行。

4. 销售人员催收货款的有效方法

从催收货款的准备，到催收货款的基本策略，再到催收货款的具体方法，在这样一步一步的过程中，销售员就会向着成功收回货款的目标前进。那么接下来，我们就要谈一谈催收货款的具体方法。

第一，有理有据，先礼后兵。毕竟销售员的催款对象是客户，客户是销售员的衣食父母，也是公司的合作伙伴。所以对于催收货款事宜，销售员必须掌握好催收的力度，既不要胆怯退缩，也不要过于激愤。唯有把握好力度和分寸，才能既避免惹恼客户，维持友好的关系，也起到催促的作用和效果，让客户加快速度付款。在与客户接洽的时候，最好带上白纸黑字的合同，如果客户将在合作之初制定的合作规则抛之脑后了，那么就把合同递给客户看。相信只要是明白事理的客户，都能够主动付款，而不愿意拿着一张合同去法院打官司。

第二，把握时机，讨要欠款。催收货款的销售员，之所以总是失败，就是因为他们不能把握最佳的时机讨要欠款。这个时机包括两个方面，首先，要把握好客户有钱的时机，因为如果客户没有经济能力支付，不管销售员进行多少次催收，都是没有效果的。其次，销售员要掌握张口的时机。例如，对于自尊自爱注重颜面的客户，最好不要当着其他人的面向客户催要钱款，否则就会让客户失去颜面，也因此恼羞成怒，索性不再付款。退一步而言，即使付款了，客户也有可能觉得

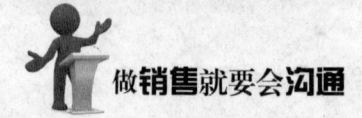

自尊心和颜面受到伤害，而终止与客户的合作。当然，如果客户原本就是非常拖延和赖皮的，在这种情况下，销售员所采取的策略就应该完全相反。例如，当私底下追要货款而不能起到良好的效果时，销售员就可以故意当着其他人的面向客户催要货款，甚至当客户明确表示不想支付货款时，销售员还可以挑选在客户需要与对他而言的重要人物交谈或者接洽时要钱，这样客户会因为顾忌生意被搅黄，而无奈地支付货款。例如，在黄渤与林志玲主演的电影《101次求婚》中，林志玲帮助黄渤追回货款，就是因为把握住客户在与他很看重的合作对象交谈的时机，才能顺利要回欠款。否则，很顾忌面子的黄渤根本无法要回货款，而客户也正是因为看到黄渤抹不开面子，很好打发，才故意拖延不支付货款的。

第三，通过客户的顶头上司，给客户施加压力。每个单位都有合作伙伴，也有下游的公司和上游的公司或者管理部门。当几次三番向客户索要无果，又不想走法律途径耗时耗力地解决问题时，就可以通过各种渠道与客户的上游公司或者管理部门取得联系，搞好关系，从而从上到下给客户施加压力。也许很难缠的客户，在被上级部门的领导打完招呼后，态度就会马上转变，即使真的资金不充足，也会想方设法地解决问题。

第四，利用媒体的压力。每年到了春节前，总会有农民工因为讨要不到薪水，而去跳楼自杀的。他们未必真想结束生命，因为家里还有老老小小等着用钱呢，他们也未必真的只是虚张声势吓唬人，因为他们真的会被缺钱逼得走投无路。当然，这里不是说销售员也要去跳楼，归根结底，不管是真跳楼还是假跳楼，都有不尊重生命的意味。为何一旦要跳楼就能找到出路呢，其实是因为引起了社会的广泛关注，也被媒体的报道施加了压力。既然如此，作为新时代的销售员，也可以利用媒体和舆论的力量给客户施加压力。当然，这种方式很容易把与客户之间的关系彻底搞僵，所以除非销售员彻底否决客户，就不要使用这种方式。

总而言之，销售员是负责与客户沟通协调达成交易的人，也是向客户收回货款的人。从这个意义上来说，销售员与客户之间的接触是比较多的，也是了解客户的。因而销售员更要根据客户的实际情况，灵活地调整催收货款的策略和方法，从而达成目的，收回货款。当然，并非所有的客户都会付清货款，销售员也无须感到苦恼，有很多卓有成效的方法都能给客户施加压力，销售员一定要根据现实的情况调整策略和方针，说服客户，让客户心甘情愿地付清货款。

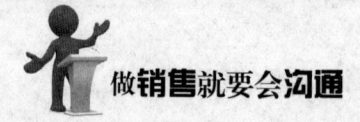

5. 催收货款需要动之以情,晓之以理

人是感情动物,因而销售员在对客户收回货款时,除了用道理让客户明白必须付清货款,也可以采取动之以情的方法,博取客户的同情心,让客户心甘情愿付清货款。

从本质上而言,每一个债务人都是懂得事理的。作为推销员,最重要的在于与客户沟通的时候,要采取合适的方式,把道理真正说到客户的心坎里。否则,客户会对道理无动于衷,也会因为销售员满嘴的大道理而反感销售员。面对客户,到底是动之以情还是晓之以理,实际上可以由客户的情况决定。例如,有的客户比较理性,很讲道理,那么销售员就要不卑不亢,与客户阐明道理。有的客户不太爱讲道理,觉得讲道理太冷漠,那么销售员就要及时改变策略,从与客户讲道理,到与客户讲感情。要记住,不管面对怎样的客户,感情和道理,总有一样能够打动他。

作为工厂里的销售员,刘丹虽然有很高的业绩,但是因为货款还没有收回来,所以她每个月都只能拿很少的保底薪水。最近,刘丹的爸爸在单位的体检中被查

第十章 回收货款：把话说出去，把钱收回来

出身患癌症。为此，刘丹非常忧愁，因为医生初步估计的手术费就要十几万元。

工厂里虽然答应预支一部分工资给刘丹，但是根本不能堵住医疗费的缺口。刘丹决定去回收货款，从而拿到更多的提成。刘丹第一站来到一个客户这里。客户一开始一味地推托，说自己没钱，还埋怨刘丹催促得太急。刘丹简单地和客户说了自己家里的情况，还把父亲的体检报告和相关检查结果也呈现给客户看。客户看到刘丹的父亲的确身患癌症，也不好再推托，因而当即表示等到十天左右收回一笔货款之后，就把货款给刘丹结算了。刘丹千恩万谢，并没有觉得这笔货款是客户该结的，就对客户颐指气使。后来，刘丹还与客户聊起人到中年的压力，客户感同身受，不停地点头，还把自己前几年父母生病住院的经历也讲给刘丹听。让刘丹感到奇怪的是，此前她也与这个客户针对工作沟通过好几次，客户给她的感觉都没有这次这么亲近。后来，刘丹才想明白，是因为自己处于弱势地位的求助，让客户也更加理解和体谅她。

适当示弱，对于销售员而言并没有什么不好。人总是有同情心理的，很多时候，人们不愿意帮助比自己强的人，却更愿意支援那些不如自己的弱者。很多销售员在向客户收回货款的时候，总是一副盛气凌人的架势。这种居高临下的态度，让很多客户非常反感。对有的客户，公事公办是可以的。但是对于有些更看重感情、做事情比较缠绵的客户，谈论感情也许会起到更好的效果。

销售员向客户催款的时候，一定要坚持"动之以情，晓之以理"的原则。理与情，恰恰是人际相处中最重要的两个方面，销售员一定要更加理解客户，慎重对待客户，才能让客户心动，与自己产生共鸣。有了感情作为基础，销售

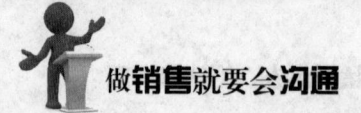

员的销售和收回货款的工作都会进展得更顺利。常言道,磨刀不误砍柴工。如果销售员想要高效率地收回货款,平日里就要与客户多多沟通,联络好感情,从而让整个销售流程都进展得更加顺利。

6. 如何应对违约付款顾客的各种说辞

当客户违约付款时，其实他们心中是知道的。一个人欠着别人的钱，怎么可能完全抛之脑后呢？但是偏偏很多客户在欠着销售员货款的时候，却假装不知道。等到销售员要上门来，他们还会想出各种各样的说辞，搪塞销售员，想方设法地让销售员打道回府。在这种情况下，销售员无疑是非常被动的，也常常觉得尴尬。一则销售员的产品已经提供给客户了，二则现在的钱在客户的口袋里，销售员只能想方设法巧妙地要回来，而不能强取豪夺。那么，作为销售员，如何应对违约客户拖延付款的很多说辞呢？

首先，销售员要了解违约客户有哪些说辞可以用来拖延付款。有些客户会找产品的缺点或不足，这样的客户不是为了完全赖账，而有可能是想找出借口减少付款；有些客户会以没钱为借口搪塞，这些客户又分为两种：一种是不说何时有钱，想遥遥无期；另一种则是能够允诺什么时候有钱，从而让销售员指日可待。前者说的也许是真正的情况，也许是想要全部赖账，销售员一定要火眼金睛，准确识别，才能更好地解决问题。此外，还有的客户不找任何理由，也绝不想付款，因而导致销售员简直无计可施，这种客户是真正的老赖皮，除了诉诸法律之外，没有更好的方法。

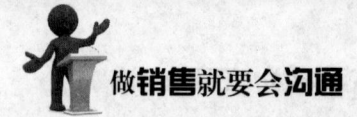
做销售就要会沟通

雅丽是公司里最擅长回收货款的销售员,这不是因为雅丽的能力多么高超,也不是因为雅丽有独特的天赋,而是因为雅丽的确太急需用钱贴补家用。每当其他销售员对回收货款的工作完全不放在心上时,雅丽就会拼尽全力去收回货款,从而争取早日拿到提成。当然,在此过程中,雅丽的能力也得到了很大的提升,对于客户的任何搪塞之词,她都能轻松应对。雅丽已经从最初一张口就满脸通红的青涩小姑娘,成为业务熟练、口才娴熟的优秀销售员。

一天,雅丽去向一个已经拖延货款很久的客户追要欠款。看到雅丽来了,客户赶紧做出一副拒人于千里之外的姿态。雅丽知道自己不受欢迎,但只能硬着头皮上。客户不耐烦地对雅丽说:"你又来了,我们都是合作的老客户了,有必要这么一趟一趟地来要钱吗?我们又跑不掉。"雅丽满脸含笑,对客户说:"张老板,您也知道我们是老客户了,所以也应该知道我们的生意需要投入成本,现金流是非常紧张的。既然咱们是老客户,您就帮帮忙,把货款结算了,哪怕您再进货的时候先欠着,都没关系。从个人的角度来说,您觉得我对您的服务怎么样?如果不是家里急需要开支,我也不会一趟一趟地来催您的。您要知道,我们公司距离您这里有一段距离,公司只给报销三次催款的路费,再多跑一趟,都是需要我自己负担的。也请您多多理解我,体谅我,我也会给您争取最好的产品、最大的优惠。"听到雅丽不断地提起老客户,张老板也不好再拖延,只好把货款结清了。

古人云,己所不欲,勿施于人。雅丽巧妙地使用了以"子之矛攻子之盾"的方式,从张老板口中听到"老客户"这几个字,再重复地强调老客户合作默契,有一定的感情基础,结果导致张老板也不好意思继续拖延,让雅丽搭上时间再搭上路费来要钱了。其实每个客户心中都会有所考量,既然知道货款早晚都是要给的,与其晚给,不如早给。此外,大多数人都误以为只有销售员才会巴结客户,实际上客户要想把生意做大做好，同样需要与上下游的公司和销售人员处理好关系。正如雅丽所说的，这样才能得到最好的产品，也得到最低的价格，这可比拖欠货款获益更多。作为商人追求利益是无可非议的，最重要的是君子爱财，取之有道，这样才能促使交易顺利达成，也实现合作共赢。

当然，这个世界上有各种各样的客户，对于每个客户，销售员在成交之前就要做到对他们心中有数，否则等到产品交给客户，再来熟悉和了解客户，对于收回货款的工作而言就太晚了。对于客户的各种说辞，销售员一定要灵活应对，而不要在得到客户的几句敷衍之后就打道回府，否则永远无法成功地收回货款。

第十一章
电话销售：销售好声音，提升语言感染力

在很多70后、80后的心中，至今依然记得情歌王子张信哲的一首老情歌："爱就一个字，我只说一次，恐怕听见的人勾起了相思……"这里我们也要借用张信哲的这首老情歌，告诉每个人：打就一个字……当然，不是打人，而是打电话。作为销售人员，在信息发展迅速、传播越来越便捷的今天，怎么能离开打电话呢！也可以说，每一个销售人员，尽管不是专业的电话销售人员，也要把电话销售作为得心应手的常用销售方式，从而拓宽自己的销售路子，也卓有成效地提升语言的感染力。

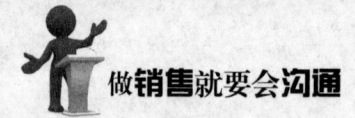

1. 心态阳光，电话才能传递阳光

古人云，凡事预则立，不预则废。任何事情，要想获得成功，都要未雨绸缪，先做准备，否则事到临头，仓促应战，肯定没有办法发挥出最强大的实力，导致事情的结果不尽如人意。作为销售员，给客户打电话已经成为每天都要做的事情，不管是开发新客户，还是维护老客户，打电话都是必需的。也许很多销售员会觉得打电话很简单，拿起话机，拨打电话号码即可。这种观念完全是错误的，这么想的销售员，还没有领悟销售的真谛。

销售从来不可能一蹴而就，每个人要想在销售的道路上有所收获，就必须保持积极的阳光心态，如此才能把自己的兴致、信心都传递给客户。尤其是在打电话的时候，很多人误以为躲在手机屏幕的这一端，或者是藏在电话线的这一端，客户就看不到他们，也无从感受他们。其实，怀有这种错误观念的销售员都是不了解声音的，也不知道声音可以传达出很多信息，而且客户还能通过声音洞察销售员的状态。细心的销售员会发现，一个人如果端正地坐着，微笑着给其他人打电话，与松懈地躺着，面带愁容地打电话，给予其他人的感觉是截然不同的。因而，声音也是有面孔的，灵敏的耳朵和敏锐的心，会通过声音识别人们的真面目。

第十一章 电话销售：销售好声音，提升语言感染力

既然声音会暴露我们的状态，透露我们在说话的那一刻采取怎样的姿势，那么经验丰富的销售员就会灵活调整声音，从而使自己的声音听起来精神抖擞，也成功地感染客户。从本质上而言，声音不但会向客户透露出销售员的状态，还会折射出销售员的心态。一个积极乐观、充满阳光的人和一个消极悲观、内心阴郁的人，说起话来给人的感觉是截然不同的。作为销售员，要想传递给客户积极的正能量，就要坚持培养积极的心态，让自己充满正能量，也成为正能量的中心，打造出正能量的磁场。人总是趋利避害的，每个人都想争取对自己有利益的东西，而远离伤害。实际上，因为负能量会像病毒一样四处传播，负能量给人的伤害不仅仅是针对于负能量的拥有者，也会给负能量拥有者身边的人带来很多负面影响，或者向负能量拥有者的身边散发消极的磁场和力量。在这种情况下，作为销售员，你是想成为正能量的中心，吸引充满正能量的客户呢，还是想让自己成为负能量的中心，被充满负能量的客户包围呢？明智的销售员一定会选择前者，当正能量场真正形成，销售员就会拥有更多的机会提升和完善自己，激发出自身的潜能，让自己成为不折不扣的人生强者。

乐乐是一个悲观的人。也许是因为从小被爸爸妈妈管教太严格，总是接受爸爸妈妈的否定和批评吧，乐乐特别缺乏自信，在生活和学习中总是畏手畏脚，甚至完全处于被动的状态。针对乐乐的这种情况，爸爸妈妈从来没有觉察，而是觉得男孩子老实一点不是坏事情，至少少惹祸。

直到参加工作，乐乐才意识到自己的懒散、懈怠、自卑有多么大的危害。乐乐原本想找一份称心的行政工作。然而，事与愿违，他大学毕业后很长时间没有找到心仪的工作，因而退而求其次，接受了表姐的邀请，进入表姐所在的

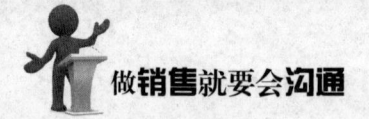

公司当了一名销售员。起初，乐乐因为不爱说话，从事销售工作非常痛苦。他甚至很畏惧与客户交流，更别说在客户离开之后对客户进行电话跟进了。每次遇到难缠的客户，乐乐总是说："这个客户太难缠了，我不想继续与他联系了。"就这样，进入公司三个月，乐乐没有成交一个客户。得知乐乐的状态，表姐很着急。当即找到乐乐询问原因，而且还向乐乐的上司了解情况。上司给表姐的反馈是："孩子太懒惰，不愿意与客户联系，勉强给客户打电话，也总是趴在桌子上愁眉不展的，影响客户的心情。"得知乐乐的真实表现，表姐马上联系乐乐。果然，一切如主管所说的那样，但是乐乐并没有认识到错，坚持认为不管是坐着、趴着还是躺着给客户打电话，对于结果没有太大的影响。

表姐是专门学过沟通心理学的，当然知道是否保持合适的姿势给客户打电话，对销售的结果有很大的影响。为此，她亲自给乐乐打电话，让乐乐感受一下她在不同状态下的声音。第一个电话，乐乐就激动地判断出表姐在躺着，接下里的好几次判断中，乐乐都一语中的，绝无差错。这种情况下，乐乐意识到自己的错误，于是虚心采纳表姐的建议。果不其然，当乐乐端正着、面带微笑给客户打电话后，经过一段时间的积累和沉淀，他吸引了很多客户，也完成了多笔交易。

当一个人的心态改变了，他的整个人生都会随之改变。事例中的乐乐从萎靡不振的工作状态，到渐渐地领悟到销售的真谛，有了巨大的进步。当然，没有人生而就是销售专家，销售员必须在循序渐进之中才能一步一个脚印地向前。对于乐乐而言，最该做的是先调整好自己的心态，让自己更加积极阳光，这样才能最大限度地激发起客户的兴趣，让客户对他充满好奇。

每个人都需要积极乐观的心态,归根结底,心态决定一切。例如,天气,有的人看到阳光明媚的美好,有的人偏偏就喜欢阴雨连绵。但是天气不会根据我们的意志做出转变,这种情况下,就需要销售员调整好自己,从而做到兵来将挡,水来土掩,拼尽全力奔向销售的终极目标。

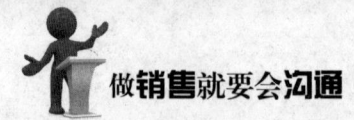

2. 寻找客户感兴趣的话题，在电话上畅聊

很多销售员在与客户打电话的时候，根本不知道客户的脾气秉性，也不知道客户的样貌，更不知道客户喜欢谈论哪些方面的问题，就这样开始稀里糊涂地从事销售工作。实际上，他们除非在销售方面很有天赋，否则在第一次给客户打电话时可能会语无伦次，更没有清晰的思路。那么销售员一定会觉得非常苦恼，甚至为此而自暴自弃。对于销售员来说，不管是与客户面对面，还是通过电脑、手机等方式与客户进行语言交流，都要把握好一个原则，即要使交谈顺利进展下去，就一定要找准客户感兴趣的话题。

如此问题又回到原点，如果与客户交谈的销售员是新手，也是第一次见到客户，那么他们如何消除与客户之间的生疏感，从而全力以赴奔向成功呢？实际上，寻找客户感兴趣的话题很简单，如果一个话题能够让客户说起来话来滔滔不绝，那么这个客户就是非常清楚明白，也愿意谈论新话题。反过来，假如客户反感一个话题，而销售员非要坚持谈论这个话题，则销售员与客户之间的关系就会越来越疏远，甚至客户还会放弃与销售员合作，寻找其他的合作对象。作为销售员，终极目标是达成交易。因而作为电话销售员，一定要先多多地倾听。正如人们常说的，倾听才是真正的沟通正式展开的第一步，每个销售员都必须先学会倾听客户，接下来才能在与客户的沟通中获取更多的信心，也真正了解客户喜欢谈论哪些内容，反感谈论哪些内容。唯有如此，销售员才能与客户达成共识，促成交易。

有一天，总监给了小马一张字条，上面写着一个客户的名字和电话。总监告诉小马，这个客户是老总的亲戚，很想买一套合适的房子。对此，小马非常重视，第一时间就给客户打电话，向客户推荐房子。然而，小马由于太心急，完全忘记了自己需要倾听客户这一原则，滔滔不绝地说了很久。

小马："王总，您好，我是易屋房产的小马！"

客户："您好，小马。有什么事情吗？"

小马："我们公司今天新上了一套房子，非常符合您的需求，您想来看看吗？"

客户："哦，我最近没有时间，改天吧。"

……

在这个事例中，小马为客户推荐的房子的确是优质房源，也是客户所需要的，但是他与客户之间的交谈并没有顺利展开。是因为小马没有选择客户感兴趣的话题与客户沟通，因为没有正确的交谈切入口，所以小马根本没有争取到与客户谈话的机会。假如小马能调整好自己的心态，找准客户感兴趣的话题，先实现与客户的沟通，那么结果就会好很多。

小马："王总，您好，我是易屋房产的小马！"

客户："您好，小马。有什么事情吗？"

小马："王总，我看您的朋友圈，最近您又去马尔代夫旅游了吧？"

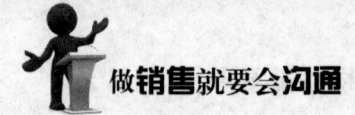

客户:"是啊是啊,马尔代夫的海水湛蓝湛蓝的,太吸引人了,我还想再去呢。"

小马:"您是自由行,还是跟团游的?"

客户:"跟团游……对了,你什么时候要去,我可以给你攻略,帮你介绍。那么,你给我打电话是什么事情呢?"

小马:"是这样的,前几天您出去旅游,我也没敢打扰您。最近新上了一套房子,非常符合您的需求,我一直想带着您去看看。您看您什么时候有时间,毕竟买房安家吗,要亲自看过才好,也不至于错失好房子。"

客户:"好的,我看看安排周一吧,到时候提前半天和你联系。"

……

就这样,小马顺利地通过电话邀约到客户,距离成功又近了一步。在第二个事例中,小马之所以能取得成功,是因为他先从客户感兴趣的话题入手,这样才能及时地激发起客户的兴趣,让客户乐于交谈。当谈话处于紧张的状态时,很难真正打开客户的心扉,与客户更加深入地交流。而先从客户感兴趣的话题开始,则能够让客户更加积极主动地谈话,如此一来,销售员当然可以从客户那里得到更多的信息,对于成交也是很有帮助的。

很多销售员在与客户沟通时,总是犯自以为是的错误。就像一个人把自己爱吃的东西给他人吃,却不知道他人的口味和自己截然不同,销售员也会把自己感兴趣的话题提出来和客户沟通,却不知道客户对此话题兴致索然,完全不知道他在说些什么。这样的沟通是很乏味的,也会导致销售员的工作事倍功半。明智的销售员会先倾听客户,然后从客户的角度出发,设身处地为客户着想。这种以客户为本的态度，往往让销售员得到很多客户的认可，也真正打动客户的心。电话销售员与客户之间的关系原本就很微妙，又因为不能面对面争取交流的机会，而仅仅靠着手机或者电话维系，就更要珍惜宝贵的沟通时间，把握机会抓紧客户，绝不松懈。

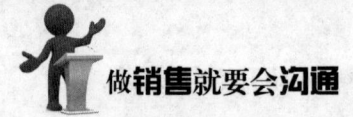

3. 打造魅力声音，紧紧吸引客户

在电话销售中，销售员与客户之间并没有见面，也不能做到面对面交流，在这种情况下，姿态、神情等很多影响交流的要素都被屏蔽，只有声音，才是销售员与客户之间最重要的介质。当然，这样一来看似是让交流问题变得简单，实际上却让交流问题变得更为复杂。

毋庸置疑，既然声音成为唯一的沟通要素，那么明智的销售员一定要打造魅力声音，从而紧紧地吸引客户，也为自己争取到更多的时间向客户介绍产品等。也可以说，对于电话销售而言，时间就是一切，只要电话没有挂断，销售员的销售工作就能畅通。认识到电话销售中的重要因素之后，接下来要做的就是打造魅力声音。虽然魅力说起来是个很简单的词语，看似也很容易做到，但实际上真正的魅力是由内而外焕发出来的，代表着销售员的综合素质。

那么，怎样的声音才是有魅力的声音呢？

第一，要保持语速适中，不管是说话太快，还是说话太慢，都是不利于销售工作的。作为销售员，如果说话太快，会导致客户听不清楚；如果说话太慢，则又会导致客户听得心急。为了稳妥起见，最好保持语速平稳，这样才更容易适应客户。当然，如果客户说话的语速是有特点的，如特别快或者特别慢，那么销售员还可以根据客户的具体情况调整语速，从而让交流达到良好的效果。

第十一章 电话销售：销售好声音，提升语言感染力

第二，说话的过程中，要先以逻辑思维整理和组织好语言，使说出来的每一句话都非常清晰，井井有条，这样才能给客户留下良好的印象，让客户意识到这个说起话来有条理的销售员是值得信任和托付的。否则，如果说话含糊其词，导致客户误解，就会使得交流无法顺利进展下去。

第三，语调要柔和，不要尖锐高亢。曾经有心理学家经过研究证实，销售员与客户之间的沟通除了要依靠语言本身的含义之外，还要依靠声调、语气等因素的调节作用。明智的销售员既不为了成交而刻意逢迎客户，也不因为自觉是专业人士，就对客户非常嫌弃和不耐烦。相反，他们始终保持不卑不亢的态度，对客户说起话来语调柔和，不愠不火，给客户非常好的消费体验。

第四，根据时间和场合，以及客户的具体情况，调整好音量的大小，也给予适当停顿，以便让客户及时回应。如果销售员说起话来不分场合，就会招致客户的反感，一则有很多客户不喜欢大声喧哗，二则他们也不喜欢让很多事情尽人皆知。作为销售员，要主动为客户的隐私保密，也要注意调节好音量，不要影响环境中的其他人。当然，在滔滔不绝的过程中，销售员还必须注意停顿，从而给客户恰当的机会回应。毕竟沟通是双方的事情，只有互动，才是真正的沟通。

第五，说话要有节奏。世界上，很多事情都有自己内在的节奏，例如，孩子的成长有节奏，上班族的工作有节奏。说话也是要讲究节奏的。否则，如果打乱节奏，或者失去节奏，就会导致事情的发展混乱，也会导致一切都无法进行。

第六，因为与客户不见面，所以销售员的声音应该富有感染力。很多销售员性格安静，不愿意过多地渲染和表达，在这种情况下，难免给客户留下冷漠、不好打交道的不良印象。为了给客户留下好印象，销售员虽然不能通过面部表情向客户表达热情，但是可以让声音作为热情的载体，向客户表达。当客户意识到销售员充满热情，也会情不自禁地受到感染，甚至对销售员也变得热情起来。也许

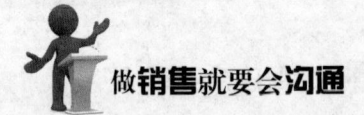

有些销售员会很纳闷:如何通过声音向客户表达热情呢?客户又看不到我们的面部表情。其实,只要在打电话的时候面带微笑,内心充满热情,再稍微渲染下声音,客户就能切身感受到销售员的热情。当然,凡事皆有度,过犹不及。对于销售员而言,尽管客户是衣食父母,也不要对客户过度热情,也不要对客户过于冷漠。毕竟每个人花钱都是为了享受优质的产品、专业而又热情的服务,谁愿意被慢待呢?作为销售员,一定要把握好对待客户的热情度,既不卑不亢,又落落大方,这才是销售员最佳的工作状态。

当然,要想实现任何伟大的目标,都必须付出实际行动。有人曾经说声音是一个美妙的乐器,也拥有强大的力量,可以在沟通中起到至关重要的作用。这句话非常有道理,作为销售员,要想打造魅力声音,可以有意识地锻炼自己的声音。例如,朗读报纸、朗读诗歌,向专业教师请教控制气息等,都是很好的练声方式。还有一点,有很多人都没有注意到,那就是我们每个人听到自己说话的声音,与其他人听到我们说话的声音,是完全不同的。因为听自己说话,声音是从颅骨传递过来的,而听别人说话,声音是通过空气传递的。认识到这一点,销售员就要以各种方式从空气中听到别人耳朵里的自己的声音,这样才能客观评价自己,也才能卓有成效地训练声音,提升声音,打造魅力声音。

4. 拉近距离，才能保持通话

记得曾经在电影频道里看到一部电影，名字就叫《保持通话》。这部电影讲述了主人公在危急情况下保持通话的故事。让人感触最深的就是在信息时代，保持信息的沟通和流动，真的太重要了。否则一旦信息被切断，就会导致不能沟通，其结果也就可想而知了。

对于电话销售而言，保持通话同样重要。尤其是进行电话销售时，销售员与客户相隔遥远，至少没有面对面，就更需要保持通话，如此才能让信息及时传达，当有了误解的时候，也因为及时沟通，让交流更有效果。

如何才能与客户保持通话呢？这可不是销售员一厢情愿就能做到的。在爱情中，有极少数情侣会一见钟情，虽然刚刚见面，却再也不愿意分开，只想彼此陪伴。不得不说，这是人类感情的神奇之处，也是非常美妙的。在销售工作中，假如销售员也能让客户对自己产生一见钟情的感觉，则销售工作的进展肯定会非常顺利。当然，一见钟情可遇而不可求，其实销售的双方对于彼此的交往也不像亲密的爱侣之间那么高标准严要求。销售的双方只要看到彼此不那么讨厌，而且心生好感，就已经非常不错了。

很多销售员对待每个客户，都采取同样的方法。这是不对的。实际上每个客户都是这个世界上独一无二的生命个体，销售员要根据不同客户的不同情况，千万不要把同样的方法套用在所有客户身上。尤其是对于电话销售而言，原本可

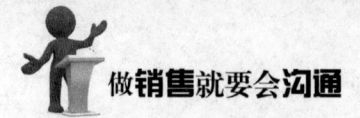

以和客户接触的时间就很短暂，又因为没有办法与客户面对面，这就要求销售员必须第一时间就牢牢吸引客户的注意力，这样才能为自己争取到机会与客户深入交流和相处。

想与客户保持通话并不容易，虽然销售员是为客户服务的，但是如果客户的时间很宝贵，而且也不认可销售员，那么客户就会仓促地结束谈话，而不愿意继续与销售员谈话。如果销售员能够拉近与客户的距离，结果就会不同，因为谁不愿意和一个与自己亲近的人多说几句呢，就算是闲话家常，也能减轻心理压力。因此，销售员要想保持通话，就要与客户拉近距离，套近乎，这才能投其所好，谈论客户感兴趣的话题，从而让交流更加顺利。

当然，针对不同的客户，销售员也要有一定的策略，区别对待，因人制宜。例如，有的客户性格委婉，那么销售员在与这样的客户打电话时，不要开门见山，可以先说一些让客户放松的话题，然后再慢慢地切入正题。还有的客户性格直爽，脾气急躁，不能忍受说话兜兜转转，遇到这样的客户，销售员就要单刀直入、简洁明了、开门见山面对客户。总而言之，给客户打电话是个技术活儿，绝不是拿起话机、拨通电话号码就可以的。销售员一定要提前做好准备，也要精心组织好语言，更要预先深入了解客户，才能让自己说出去的每句话都有针对性，效率倍增。

需要注意的是，要想在最短的时间内吸引客户，销售员就要在开场的时间内，说出对客户重要的信息。简单明了，语速还可以适当加快，否则等到销售员慢吞吞介绍完自己的时候，客户都已经挂断电话了，那还有什么意义呢！通常情况下，销售员打电话的开场白要先进行自我介绍，说清楚自己是谁、在哪家公司工作，如果有重量级的引荐人，一定要响亮地提到引荐人的名字，这也许会直接决定客户接下来对你是很有耐心，还是极其不耐烦。等到稳定了客户的情绪之后，销售员再说出自己的目的。销售员一定要记住与客户电话沟通的原则，那就是"短平快""稳准狠"双管齐下，才能更有效。

5. 学会对客户提问，激发客户谈兴

既然是电话沟通，销售员除了要扮演好倾听的角色，深入了解客户之外，还要以适宜的方式对客户展开提问，这样才能了解到自己想了解的信息。大多数情况下，客户对于自身的需求并不是很清楚，销售员就要从专业的角度，引导客户说明情况，说明自己的需求，这样销售员在为客户服务的时候才更加具有针对性。

具体而言，销售员在为客户服务的过程中，有哪些提问方式呢？首先，在与客户最初接触的时候，为了更多地了解客户的相关信息，销售员最好对客户展开开放式提问。所谓开放式提问，就是问题具有很大的回答空间，客户完全可以根据自己的所思所想临场发挥，即使问题带有天马行空的意味，只要是客户的真实想法，就没有任何问题。

其次，随着交往的逐渐深入，销售员对客户更加了解，也大概知道了客户的需求。这种情况下，再让客户天马行空地回答问题就不太适宜了，可以对客户提出封闭式问题，这样客户只需要三选一或者二选一，而问题经过销售员的筛选，对于客户而言也就没有那么难以回答了。封闭式提问的好处在于，客户给出的回答是相对固定的，在问题里就能找到。

再次，众所周知，销售员与客户之间从本质上而言是对立的关系，销售员希望把产品以高价卖出，而客户则想以尽量低的价格买到产品。因此，在针对产品

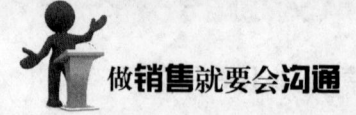

的价格、质量等因素进行谈判时,销售员与客户之间难免会出现分歧。明智的销售员不会一味地与客户争执,而是会以反问的方式把问题巧妙地提给客户。这就是典型的以子之矛攻子之盾,这样销售员就把烫手的山芋扔回给客户,也让自己摆脱困境。

最后,高明的销售员在对客户进行电话销售时,还会采取装傻式提问。这个提问就像是一块遮羞布,可以让受到拒绝的销售员假装一切进展顺利,继续熟悉地与客户攀谈下去,还可以让销售员对于批评和否定充耳不闻,依然满怀自信地面对客户。

当然,除了这几种重要的提问方式之外,还有的提问倾向于筛选,有的提问倾向于引导,有的提问只需要用"是"或者"不是"来回答,有的提问方式巧妙,使得提问看起来就像是平常的谈话,而不使人感到突兀。每个销售员在与不同的客户打交道时,都要深入了解客户,从而有针对性地对待客户,提升销售的效率。

对于客户,好的问题能够起到抛砖引玉的效果;不好的提问则会让客户马上失去交谈的兴致,甚至不愿意继续交谈下去。因此,销售员一定要重视对客户的电话销售,从而才能向客户介绍产品,也推广公司的服务。总而言之,电话销售的好时机转瞬即逝,每个销售员都要努力提升和完善自己的电话销售技能,才能使对客户的销售更有效率。

6. 将错就错，投石问路把握客户

很多电话销售员最害怕的就是在给客户拨号的前一瞬，最尴尬的就是客户接通电话的后一瞬。这是因为他们不了解客户，也不知道客户的所思所想，所以经常在针对客户展开销售的时候，不知不觉间就犯了错误，导致引起客户的反感，也使得销售无法顺利进行下去。

毫无疑问，与面对面的开场白相比，电话销售的开场白面临更大的挑战。如果销售员不能在利用开场白的机会介绍清楚自己，并打动客户的心，那么他们很有可能被挂断电话，再也无法让销售工作顺利进行下去。通常情况下，开场白包括以下因素：自我介绍、相关人物说明、打电话的目的、询问对方是否有需要或愿意面谈。解决了这几个基本的问题，开场白就实现了该有的作用和价值。要想成功电话邀约客户，还需要很多新手销售员继续认真观察，努力练习，才能不断地提升和完善自己的销售能力，也让电话销售顺利进行下去。

在电话销售的过程，销售员还会犯各种错误。例如，因为一时紧张而忘记了客户的名字，或者因为慌张而忘却了自己的目标和初心。在这种情况下，不要因为这些小小的意外，就轻易放弃。正如人们常说的，失败是成功之母，只有踩着失败的阶梯才能不断前进。销售员不但要把这句话牢记于心，更要切身实践这句话，从而坚持突破和超越自我，获得进步。

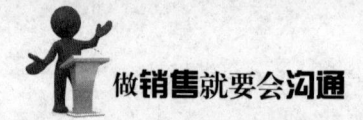

作为汽车销售员,当门店里来的客户不足以支撑起销售额的时候,赵刚就会采取故意打错电话,将错就错的方法开发新客户。尽管以这样的方式给客户打电话如同大海捞针,但是赵刚很清楚:努力了未必有收获,但不努力就毫无收获。

有一个周末,同事们都在带提前邀约的客户,只有赵刚独自坐在接待室里,看着空荡荡的门口。赵刚忍不住思考:为何别人都有客户,只有我没有呢?想到这里,他突然意识到自己必须给客户打电话。第一次给陌生的客户打电话,赵刚觉得很尴尬,打通电话之后,他居然完全不知道该说什么。客户在电话里"喂""喂"了几声之后,就挂断了电话,而赵刚的心犹如小兔乱撞,根本一个字也说不出来。有了这一次的经验,赵刚再次给陌生客户拨打电话时,就没有那么慌张了。但是他很快发现,当他一板一眼地说自己是某某公司的销售代表赵刚时客户常常会挂断电话。为此,赵刚想出了一个更让人心动的方法。

赵刚熟练地拨通一个客户的电话,电话接通后,赵刚马上以热情的声调说:"马总啊,我是某某公司的销售代表赵刚,您最中意的那款车到了。您看您什么时候有时间,过来看一看。这款车可是非常抢手的哦!"这样一来,客户如果没有购买汽车的意向,会冷漠地对赵刚说"打错了",而不会责备赵刚,毕竟对于一个不小心犯错的人,要有包容和理解的心。而如果客户想买汽车,就会告诉赵刚打错了,还会主动寻问赵刚来了什么车。这样一来,赵刚就可以以偶遇的方式与客户愉快地交谈起来。如果销售工作接下来有所进展,赵刚还可以自诩与客户有缘分呢!

只是改变了一种打电话的方式,就把电话的核心内容顺利说出来,而且在好奇心的驱使下,客户还能听得饶有兴致呢!其实,不管销售员是无意间打错电话,还是故意打错电话,对于客户而言,所得到的信息是相同的,但是却因为销售方式的改变,使得心态截然不同。

在古代军事上,有将计就计的策略,在现代社会,也要有随机应变、将错就错的策略。作为销售员,思想一定要灵活,才能调整好心态,也才能让销售工作卓有成效地不断推进。

第十二章
口才精进：多用心才能练就销售好口才

语言的魅力是无穷的，语言表达的魅力也毫不逊色。这是因为在表达的过程中，除了语言本身蕴含的实质性意义之外，声调、语气等诸多因素都会让语言表达富于变化，产生让人感到惊讶的各种效果。作为销售员，要想以语言征服客户，就要多多用心，练就好口才，这样才能我口说我心，让语言交流起到最佳的效果。

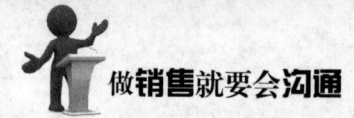

1. 幽默，让销售水到渠成

很多人都把幽默和开玩笑混为一谈，殊不知这两者是截然不同的。开玩笑也许很低俗，幽默却是智慧的最高表现形式之一，只有富于智慧、机智、灵活的人，才能适时地幽默一次。也可以说，是幽默让销售水到渠成，也是幽默让销售变得更精彩，使销售员与客户之间原本略显枯燥的关系，增添了一抹色彩。

尤其是现代社会，情商被提升到前所未有的高度。很多人觉得情商比智商更重要，更能够决定人生和未来。毫无疑问，幽默就是情商最重要的指标之一，唯有具有幽默的能力，人才会更加表现出自己的智慧，也赢得他人的认可和赞许。恰到好处地发挥幽默的能力，还可以让原本紧张的人际关系变得舒缓，也能让尴尬的坚冰立刻消融。即使是同一件事情，因为每个人在面对时采取的态度不同，所以也会取得不同的结果。由此可见，不管是对于学习、生活，还是工作，幽默的作用都很强大，不可替代。

细心的朋友们会发现一个奇怪的现象，即两个人同时讲了一个相同的故事，一个人讲得栩栩如生，而另一个人讲得枯燥乏味。听到前者的故事，很多人都忍俊不禁，而听到后者的故事，很多人都莫名其妙，根本不知道对方在讲什么。由此不难看出，真正打动人的未必都是语言的内容，在某些情况下，语调、音量和声调等都会起到更好的作用。作为销售员，讲话的时候一定要讲究技巧和方式，而不要只纠结于内容。唯有把方式和内容更好地结合起来，才能达到最好的表达效果。

如果销售员具备高情商，也很善于使用幽默的方式说话，那么他们不但能够打动自己，也能够打动客户。当枯燥的产品功能介绍和产品说明被以晦涩的语言说出来，和幽默生动地表达相比，效果将会是截然不同的。

幽默不是一味地开玩笑，也不是只顾着逢迎客户，而是更深入客户的内心，从而把握住客户最深层次的微妙心理。幽默是智者所为，并不是所有人都能模仿的。做一个让客户感到有趣的销售员，这不是很有成就感吗？

众所周知，安利产品采取直销的方式，所以几乎大多数处于基层的销售员，每天的工作就是带着样品，在小区里进行陌生拜访。张宇就是这样的一名推销员，他刚刚大学毕业，对于工作满怀热情，因此他每天都在走街串巷，也常常自诩为"卖货郎"。

不过，任何一份工作都不仅仅只有快乐，而没有烦恼。尤其是作为一名直销推销员，常常要敲开客户的门，轻则遭遇闭门羹，重则还有可能被客户臭骂一顿。正是在一次又一次的拒绝之中，张宇越来越坚强。但是，一味地承受客户各种方式的拒绝并不能从根本上解决问题，张宇很清楚，自己接下来要做的就是想方设法让客户接受自己。如何才能让开场白生动有趣，充满幽默呢？对于张宇而言，这是个难题，但是他不打算退缩，而是想继续磨炼自己，也让自己在反思中不断地成长和进步。

张宇记得很清楚，自己已经是第六次拜访这家位于写字楼里的公司了。张宇除了喜欢去居民楼之外，也很喜欢去写字楼。其实写字楼和居民楼有一个共同的特点，那就是人口密集，便于推销。相比之下，写字楼里的年轻人更容易接受新

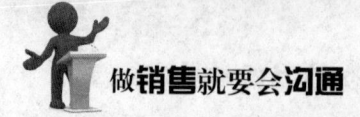
做销售就要会沟通

生事物，也让张宇发自内心地感到轻松。走到前台的那一瞬间，张宇幽默地对前台文秘说出了一番话："很抱歉，我又来了。我很清楚这已经是我第六次来打扰你们，也很清楚你们已厌烦了，更加知道你们的时间是非常宝贵的。允许我展示一下牙膏，我想，当你们接受这款神奇的牙膏后，我就会改变销售策略，除非接到你们的邀请才来！"张宇的这番话配上他夸张的表情，把前台的文秘逗笑了，正好当时是午饭的时间，很快又有几个年轻人围到张宇身边。就这样，张宇成功推销出去几件牙膏和洗发沐浴用品。不出所料，大概一个星期的样子，他接到了那些客户的邀请，带着更多的产品去进行展示。

如果不是以幽默打动了前台文秘的心，张宇也许马上就会遭遇闭门羹，那么也就没有接下来整个公司里口耳相传的高销量了。张宇很清楚，打入写字楼里的某一家公司要靠智取，而不能靠着强攻。对于销售员来说，一味地使出蛮劲是不足取的，只有讲究策略和方法，以四两拨千斤，才能更加节省时间和力气。

同样是做销售，为何有的销售员总是能够把人逗得前仰后合，促使交易顺利达成，而有的销售员却总是遭遇重重障碍，觉得前途黯淡无光呢？归根结底，在于销售员是否有一颗幽默的心，能否在销售过程中面对重重困难的时候，依然坚韧不拔，绝不放弃，还能做到娱乐自己和他人。不可否认，幽默的品质对于提升销量的确有很好的效果，但需要注意的是，成交最终要建立在产品的优质和服务的用心之上，幽默只是润滑剂，能够在与客户沟通的时候营造和谐融洽的交流气氛，也能够让客户乐于购买产品。如果说产品和服务是销售的硬件，那么幽默就是销售的软件，这两者是缺一不可的。幽默是提升销售员的吸引力与软实力的必备因素之一。

2. 练习语速，注意语气，控制语调

既然语速、语气、语调等因素，比语言本身对于表达起到更为重要的作用，那么我们完全有必要对这些内容进行研究。所谓学不厌精，越是深入的学习效果越好。相信销售员对说话的语速、语气和语调研究透彻，并且能够熟练地运用以后，销售员的销售能力和水平就会得到大大的提升。

有人说销售是一门艺术，那么电话销售是一门声音和语言的艺术。因为在电话销售中，销售员与客户之间素未谋面，他们对于彼此的了解和感受，只能通过声音进行。在电话销售中，销售员和客户都必须非常用心地感觉声音的变化，从声音中了解他人和感受自己。

在与客户沟通时，一定要注意控制好音量，声音太小如同蚊子哼哼，客户根本听不清楚；声音太大震耳欲聋，也会让客户难以接受，甚至产生误解。在控制好音量的基础上，销售员还要控制好语速、语气和语调。

所谓语速，就是销售员说话的速度。语速过快，一带即过，客户听不清楚；语速太慢，心急的客户又会忍不住着急，因而适中的语速是比较合理的，也更符合大多数客户的心理需求。语速的快慢，还往往表现出说话人的不同心态。例如，着急的时候，人就会情不自禁加快语速；思考的时候，人总是不知不觉间放缓语速。对于销售员来说，还要根据客户的情况进行调整。例如，客户是个急性子，

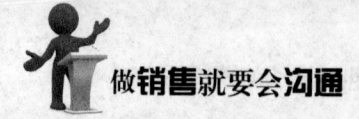

那么销售员说话就不要太慢;客户是个慢性子,销售员说话就不要太快。总而言之,销售员要与客户达成一致,才能更好地沟通与合作。

语气是说话的气势,语调是说话时各种因素综合作用的结果。如说话者的情绪、思想等,都会影响他们的语调,因此不同的情绪和情感体验,都可以通过对语调的调整来实现。心情大好的销售员、郁郁寡欢的销售员、意气风发的销售员、内心失落的销售员,在与客户沟通时,语气和语调都是截然不同的。作为电话销售员,一定要掌握说话的技巧,也要注意区分不同的时间点,以及不同客户的不同情况。

为了让语言更好地表情达意,销售员一定要控制好语调,尤其是要注意让语调与所表达的实质性内容相符合。为此,销售员就要在平日多多地练习,也要有意识地控制说话时的气息。为了与客户拉近关系,销售员还可以有意识地模仿客户的语调。人总是对和自己相同或者相似的东西感到亲近,当销售员与客户之间有共同点,就会无形中拉近自己与客户之间的关系,从而使得销售进展顺利。

仅从表面看起来,语言表达是很简单的,但是深入地想一想,语言表达又是难度很大且非常微妙的。销售员一定要把握住与客户交往的原则,也从各个方面提升自己的语言表达能力,才能让与客户之间的沟通更加顺畅。良好的沟通是销售成功的基础,如果销售员和客户沟通不到位,或者彼此存在误解,别说是达成交易了,只怕连基本的理解和体谅都做不到,这当然是让人感到很为难的。作为销售员,别忘记在组织好语言的同时,也要有意识地训练自己的语速、语气和语调!

3.心态平和，不被情绪所左右

在电话销售中，如果销售员忍不住对客户勃然大怒，这样的销售还能获得成功吗？答案毋庸置疑，没有哪个客户愿意和一个在电话里对自己说话都毫不客气的销售员打交道。现代社会很看重情商，所谓情商，就是每个人控制情绪等综合能力的表现。人人都喊着要突破和超越自己，那么也要意识到，真正能够主宰自己的人，都是可以控制自身情绪，不让情绪如同脱缰野马一样肆意奔腾的人。其实，不仅仅对于销售员，对于每个人而言，保持心态平和，不被情绪所驱使和控制，都是至关重要的。

当然，销售工作的难度很大，毕竟是从客户的口袋里掏钱。销售过程中各种情况瞬息万变，而且销售的结果和切身的利益密切相关，所以销售员在销售过程中更容易出现情绪波动。要想掌控销售的过程，让销售顺利达成，作为销售员一定要平心静气，只有驾驭情绪，才能控制好销售的节奏，也把握好自己在销售工作中的各种表现，这是达成交易的关键所在。

作为一名保险推销员，从事之初曼莉不知道吃了多少闭门羹。然而，曼莉很幸运，她有一位非常优秀的主管。主管对曼莉说："在这个行业里，要想留下来，首先要战胜自己，要控制好自己的情绪。前期的艰难是必然的，没有人可以在一开始推销保险就很顺利！你只要记住一点，即：坚持就是胜利，不要轻易放弃。这样，你就能主宰自己的情绪。"

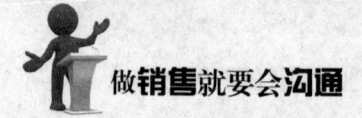

听了主管的经验之谈,曼莉对于情绪的掌控有了新的见解。接下来,曼莉计划跟进一家公司的老总,这人很孤傲,第一次接触时,曼莉就被拒之门外。这让曼莉心情低落了很长时间,现在她反而踌躇满志。她告诉自己:一定要搞定这个大客户!

于是,每隔一段时间,曼莉就去拜访这位老总,有一次客户的助理恰巧不在,曼莉就直接敲门进入老总的办公室。老总看到是曼莉,就直截了当地说:"我不会从你这里购买保险的,请出去"。听到这话,曼莉仍面带微笑,不卑不亢地说:"的确,我已经意识到这一点。不过我就是感到好奇,想知道您是不想购买保险,还是不愿意从我这里购买保险呢?您可以告诉我答案吗?我保证知道答案后,不会再来打扰您。"听到曼莉的话,老总觉得很有趣,说:"保险经纪人我见过很多,但是没见过你这样的……"于是这个老总放下手上的工作和曼莉聊了起来……

后来,客户有关于保险的疑问就会询问曼莉,曼莉总是知无不言、言无不尽,并没有因为客户总是询问而从未购买保险而厌烦。直到半年后,客户似乎也终于被曼莉的诚心打动,主动联系曼莉决定要购买保险了。

很多销售员都会受到情绪的影响,尤其是在做出很多努力却没有达成交易的情况下,难免会对客户心怀抵触情绪,甚至还会抱怨或者指责客户。上面事例中,曼莉一直被这个大客户拒绝,最终不再推销保险产品,而是询问客户为何拒绝保险也拒绝自己,由此通过接纳和认同客户的方式,真正打开了客户的心扉,赢得了客户的信任。

如今,对于客户而言,购买同质化产品更看重的便是服务,是销售员能否给自己良好的销售体验。作为销售员,必须认清楚这一点,而不要对客户急功近利,更不要一味地催促客户必须达成交易。不管客户需要多长的时间思考,也不管客户如何拒绝我们,我们始终都要控制好情绪,才能更加友善地与客户沟通。当然,主宰和驾驭情绪并非那么简单容易的事情,要端正心态,不急不躁,学会换位思考,才能把话说得恰到好处,打动客户的心。

4. 借助肢体语言传情达意

心理学家经过研究发现，人也许可以有意识地组织语言，或者调整表情，让自己看起来更像某个样子，但是却无法伪装肢体语言。这是因为和语言、表情等相比，肢体语言是更加无意识地呈现出来的。作为销售员，在与客户相处的时候，要读懂客户的肢体语言，从而加深对客户的了解，让销售工作顺利推进，与此同时也要学会借助肢体语言表达自己的情意，这样客户就能准确理解销售员的意思，也不会对销售员产生误解。当然，这样有意识地使用肢体语言传情达意，意味着销售员进入了更高的销售层次，已经能娴熟运用销售技巧了。

肢体语言关系到人体的各个部位，是各个部位的协调作用产生的。在各个部位相互协调的过程中，每个部位不可能完全孤立地存在，而是要与其他部位整合起来，甚至有的时候，肢体语言还需要与他人产生互动。例如，最简单的问候——握手，就需要与他人相互配合，彼此伸出手来去握住。再如，拥抱、亲吻、抚摸等肢体动作，都是需要与他人密切接触，亲密互动的。

需要注意的是，在用肢体语言表达自己的时候，销售员除了用肢体语言传情达意之外，还可以利用进行肢体语言表达的机会与他人进行肢体触碰。心理学家经过研究显示，适度的肢体触碰，会瞬间拉近销售员与客户之间的距离，也有助于销售员对客户传情达意。毕竟销售员与客户的关系很特殊，既不像爱人一样亲

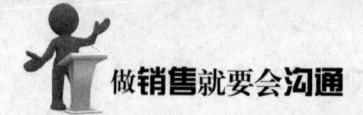

密无间,也不像朋友一样心无芥蒂,为了完成销售和购买活动,他们在短期内结成同盟,却又因为价格彼此对立。在如此复杂而又微妙的关系中,销售员如果能够把握机会和客户进行肢体触碰,则对于拉近与客户的关系、向客户传情达意有很大的帮助,也是卓有成效的。

作为公司的销售代表,小苏常常代表公司出差,去各大工厂谈判,以达成合作事宜。这天小苏就又要出差了,而且是要谈一笔大生意。对于这笔生意,小苏有些心里没底,为此他在出发之前为客户精心准备了当地的土特产作为礼品,还决定下了飞机之后一见到客户,就和客户握手,甚至随机应变,给客户一个大大的拥抱。

小苏一下飞机,就远远地看到客户举着牌子站在接机口。小苏假装没有关注客户,而是径直走到客户身边,猝不及防地对客户说:"嗨,您好!"说完,他就伸出手去,重重地握住客户的手。看到客户不反感这样的肢体接触,小苏更加主动,在和客户握手的时候,还伸出左胳膊顺势拥抱了客户。在做完这两个举动之后,小苏不知道客户是什么感受,但是他自己觉得与客户之间的关系变得亲密了。在接下来谈判的两三天时间里,小苏又几次无意间触碰客户的肢体,最终谈判顺利达成,小苏到了机场,和客户再次拥抱,重重地握手。这样这趟行程终于圆满结束了。

最初见面的握手和拥抱,都在无声地告诉客户小苏的态度,为此客户也回馈给小苏同样的态度,那就是尽量促使合作达成。离开时,客户亲自把小苏送到机场,小苏这次可以"光明正大"地拥抱客户,而无须再借助握手的机会顺势拥抱客户了。随着这次会面以拥抱和握手结束,小苏的这趟行程也圆满落幕。

需要注意的是,在与初次见面的陌生人相处时,不管对方是异性还是同性,都要把握好肢体接触的次数。适度的肢体接触有利于拉近彼此之间的关系,而过于频繁的肢体接触则会让人生厌。此外,刻意的肢体接触也会引起客户的反感,销售员要想与客户之间建立良好的关系,一定要把肢体接触做得很自然,不露痕迹。对于能够以语言表达出来的内容,要尽量以非肢体语言接触的方式进行表达。

作为销售员,既要读懂客户的肢体语言,也要能够熟练地运用肢体语言表情达意。当然,在运用肢体语言表达的时候,除了肢体上的触碰之外,还有很多种表达方式。这是真正的优秀销售员会在与客户的相处中做到游刃有余、得心应手。

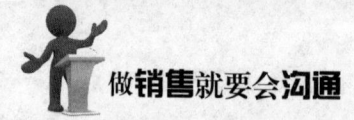

5. 培养一流的销售语言礼仪

古人云，言为心声。实际上言不仅为心声，也往往代表了一个人的素质和涵养，彰显出一个人的气度。作为销售员，不管是直接面对客户，还是进行电话销售，都需要培养自己的语言表达能力，也熟悉和掌握语言表达的礼仪，这样在与客户沟通的过程中，才会更加有礼有节，给客户留下良好的印象。

销售语言有哪些礼仪呢？很多销售员每天都要拜访陌生客户，与客户初次见面的礼仪非常重要，否则一旦给客户留下不讲礼貌的坏印象，接下来再想改变这种不良印象就很难了。因而销售员要认真学习销售语言礼仪，从而在与客户相处的过程中把各个方面都做得恰到好处。

第一，面对陌生的客户，要先介绍自己。很多销售员开拓客户的方式就是进行陌生拜访，也就是把自己送上门去，向客户推销产品。这种送上门的服务很容易招致客户的反感，那么在进行自我介绍的时候，销售员就要遵守销售语言礼仪，主动介绍清楚自己的身份、属于哪个公司，以及销售的目的，这样既对自己进行了介绍，也让客户心中有数。

第二，在进行电话销售时，要把握好打电话的时机。很多销售员自己生活不规律，没有时间观念，就觉得客户和自己一样，总是随时随地给客户打电话，而丝毫没有想到是否会影响客户休息，或者影响客户工作。要想不被客户排斥，不招致客户反感，销售员就要把握好打电话的时间，这样才能避免打扰到客户，也让电话起到预期的效果。

第三，控制好交谈的时间。相当一部分销售员都是特别健谈的，他们一旦和客户交谈，就像打开了话匣子一样滔滔不绝，实际上此时客户已经非常厌倦了，但是他毫不知情，因此无法得到客户的认可和肯定。这种情况不仅仅存在于电话销售中，也存在于当面与客户沟通中。销售员在当面拜访客户时，也要把握交谈的节奏，而不要耽误客户的生活和工作，否则一旦引起客户反感，之前的很多努力就会付诸东流。

第四，在与客户沟通的过程中，销售员当然要承担起专家的责任，负责为客户答疑解惑。销售员必须记住，客户不了解产品，因而会有很多困惑。在这种情况下，销售员的耐心解答能够增强他们对产品和服务的信心，而如果销售员总是不耐烦的样子，甚至在语气中流露出鄙视客户、厌倦客户的情绪，则客户总会敏感地感知，也会因此否认销售员，不愿意继续接受产品。

当然，销售语言礼仪还有很多方面，其他的基本礼节都需要销售员在与客户相处的过程中慢慢地摸索。随着销售经验的不断增加，销售员会见识到各种各样的客户，也会采取恰当的方式对待客户。记住，如今的人们消费水平大大提升，对于产品的质量和企业的服务也提出了更高的要求。销售员只有怀着企业主人翁的心态，真心诚意地为每一个客户服务，也真正发自内心地把客户的需求当成自己的需求去解决，才能不断推动销售活动顺利向前进展，取得让自己满意的结果。

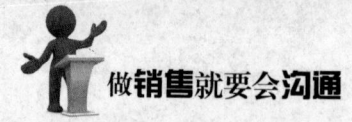

6. 良好的形象有助于语言的发挥

细心的朋友们会发现，在诸多行业中，销售员的衣着打扮是非常稳重和成熟的。很多职业的从业者都可以穿着便服，为客户服务，但是销售员都被要求穿着工作服。大多数销售员的工作服都是板板正正的西装，还要打着领带，这是为什么呢？事实证明，人的衣着会给他人留下深刻的印象，也会影响他们与他人之间的交往。所以销售行业才普遍要求穿着西装，这对于促成销售也是有好处的。

现代社会，不讲究以貌取人，因为提倡不管是对穿着皮毛的富人，还是对穿着粗衣布衫的穷人，都要平等对待。在这种情况下，还有必要让销售员穿着统一的工作服吗？当然有必要。如果你是一个认真细致的人，你会发现当你穿着得体去见客户，与你穿着随意邋遢去见客户，有截然不同的感觉。俗语云，"人靠衣裳马靠鞍。"作为销售员，虽然不需要穿着满身名牌，但是得体的着装是必需的。如果是女性销售员，还可以化淡妆，给人以清新脱俗的感觉。自身良好的形象，有助于给客户留下好印象，这样可以让与客户的沟通更顺利，也能起到良好的效果。

大卫原本是学校里的体育老师，最近刚刚换一份工作，去一家大公司里当销售员。从体育老师转行到销售员，大卫不适应的地方很多，也因此吃了很多小亏。

初入公司的时候，大卫很害怕给客户打电话，因为他担心会被客户拒绝。好

第十二章 口才精进：多用心才能练就销售好口才

不容易不害怕给客户打电话了，大卫又很怕见到客户，因为他觉得客户的眼神里带着不屑一顾。有一次，大卫去拜访一个客户，居然被客户公司的门卫给拦住了，门卫看着大卫衣着松松垮垮的样子，对大卫说"闲人免进"。就这样，大卫非常苦恼，甚至想要打退堂鼓。听说弟弟大卫才刚刚换了工作就要辞职，姐姐珍妮忍不住打来电话询问情况。得知大卫的困境，珍妮马上从另一个州赶过来，二话不说带着大卫去了商场，为大卫购买了好几身西服，并搭配了鞋子、衬衣、领带等。最后，姐姐还带着大卫去做了头发。看着镜子里焕然一新的自己，大卫简直惊呆了，他从一个松松垮垮的人，变成了一个精明干练、精神抖擞的帅小伙。就这样，当大卫再去客户的公司拜访时，门卫对大卫非常客气。大卫顺利找到客户，与客户沟通顺利而又愉快，很快就确定了合作事宜，签订了正式的合同。

如果不是姐姐珍妮及时赶到，衣着松松垮垮的大卫在销售的道路上还会走很多弯路。幸好姐姐深谙职场之道，当机立断为大卫改头换面，这才让大卫摇身一变成为合格的职场人，也获得了更多的成交机会。

一个人如果形象不好，走到哪里都会被人小瞧。这不是因为社会太功利，而是因为职场就是如此。形象过关，并非让人一定要浑身名牌，而是代表了一种态度。如果作为销售员穿着拖鞋就去见客户，则客户难免感到自己不被重视，对于销售员的印象也会大打折扣。假如销售员见客户的时候穿着得体的衣服，把自己打扮得精明强干，则会给客户留下良好的印象，自然也就争取到更多的机会与客户沟通，为顺利成交做准备。作为销售员，一定不要忽略形象和气质的重要作用，要既有面子也有里子，才能底气十足地面对形形色色的客户！

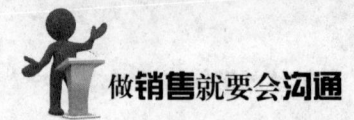

后 记

说话是日常生活中每天都在做的事情，看似平淡无奇，实际上却大有玄机。能说话，不代表会说话，会说话，也不代表能把每句话都说到点子上。作为一名优秀的销售员，尽管不需要口若悬河、滔滔不绝，却必须掌握说话的门道，把每句话都说到客户的心里去，这样才能打动客户，也让客户对产品和服务心动。

看到这里，相信有很多人都会情不自禁地问：我不是会说话吗？难道还不能胜任销售工作吗？的确如此。会说话，也未必能胜任销售工作，这是因为销售的语言是一门艺术，更是一门学问。销售员不但要了解产品，更要读懂客户的内心。唯有如此，销售员才能有针对性地，把产品介绍得更加详尽，把客户的工作做得面面俱到。

很多人误以为销售员都是巧舌如簧、滔滔不绝的，其实销售员的话在于精，而不在于多，所谓言多必失，祸从口出，也告诉我们作为销售员更要管好自己的嘴巴，才能避免因为不假思索地说而闯祸。当然，作为销售员，不擅长说话更是不行的，只有把握说话的分寸、时机、场合等诸多细节，销售员才能把说话工作做好，也才能把每句话都说到客户的心坎上，为未来销售工作的顺利推进打好基础，做好准备。

随着时代的发展，作为销售员除了做好传统的营销之外，还要与时俱进，学

后 记

会利用现代化的通信技术展开销售,如网络、电话等。只有每个方面都牢牢抓住,都"稳准狠",销售工作才能事半功倍。

一个人要想在销售行业真正成长起来,需要漫长的过程,也需要坚持不懈的积累。销售绝不是大多数人所想的那样卖东西,而是要真正把产品和服务推销给客户,也要对客户在购买前、购买中和购买后的诸多事情负起责任。常言道,台上一分钟,台下十年功。当我们看到很多经验丰富的销售员,轻轻松松就能与客户搭讪,与客户聊到一起,在羡慕之余,更要想到这些销售员在背后付出了多少努力。销售不是一场偶然的邂逅,而是一场精心准备的艳遇,这场艳遇的导演——销售员的水平和能力高低,决定了这场艳遇的最终结局。

作为销售的总导演,作为销售员的你,准备好与客户惊艳地相遇了吗?

参考资料

［1］《销售电话应该这样打》，张兵编著，中国纺织出版社

［2］《销售就是要会聊天》，宋犀堃著，北京联合出版公司

［3］《不会讲故事，你怎么做销售》，赵伟著，文化发展出版社

［4］《销售就是要玩转情商》，姜得祺著，百花洲文艺出版社